PROSODIE

LATINE

Propriété de l'Éditeur.

TOUS DROITS RÉSERVÉS

Lille. — Typographie J. Lefort, rue Charles de Muyssart, 24.

PROSODIE
LATINE

PAR

LE P. A. SENGLER

DE LA COMPAGNIE DE JÉSUS

DEUXIÈME ÉDITION

LIBRAIRIE DE J. LEFORT

IMPRIMEUR ÉDITEUR

LILLE | PARIS
rue Ch. de Muyssart, 24. | rue des Saints-Pères, 30.

1882

PRÉFACE

La *Prosodie* forme le troisième livre du grand ouvrage du P. Emmanuel Alvarez, d'après lequel nous avons composé notre grammaire latine, il y a quelques années. Il convenait de compléter notre travail.

C'est ce que nous faisons aujourd'hui, en publiant ce petit traité de *Prosodie*.

Comme dans la grammaire, nous y avons suivi pas à pas notre illustre Maître.

Nous nous sommes borné, en reproduisant son œuvre, à développer les règles si importantes des mots dérivés ou composés.

Nous avons ajouté aussi quelques notions pratiques sur la versification, pour ne pas priver les élèves d'un avantage que leur offrent depuis longtemps la plupart des traités de ce genre.

On sait combien la quantité des syllabes radicales cause d'embarras et nécessite de recherches aux commençants. Pour leur faciliter cette connaissance, nous avons placé, à la fin du volume, une liste des radicaux les plus importants dont la quantité n'est pas déterminée par les règles.

Pour cette Prosodie, comme pour nos deux grammaires, nous faisons appel aux bienveillantes communications des Professeurs : l'expérience d'un seul ne saurait suffire aux ouvrages élémentaires destinés à l'enseignement.

PROSODIE LATINE

NOTIONS PRÉLIMINAIRES

Prosodie et Quantité.

1. La *prosodie* enseigne la quantité, et la manière de faire les vers.

On appelle *quantité* la mesure des syllabes.

Les *syllabes* sont formées par une ou plusieurs lettres qu'on prononce d'une seule émission de voix : *pa-tri-a*.

Mesure des syllabes.

2. Les syllabes se mesurent par le temps qu'on met à les prononcer ; elles sont brèves, longues ou communes.

La syllabe *brève* se prononce rapidement, en un temps : ăt, ĭn.

La syllabe *longue* se prononce lentement, et correspond à deux brèves, c'est-à-dire à deux temps : āh, mōx.

La syllabe *commune* est brève ou longue à volonté en poésie, *tenēbræ* ; en prose, on la prononce brève, *tenĕbræ* ; excepté ĭ qu'on prononce long dans les génitifs en *ĭus* : *nullīus*.

Lettres.

3. Les voyelles *a, e, i, o, u, y*, forment six diphtongues : *æ, au, ei, eu, œ, yi*.

Parmi les consonnes, on distingue :
Neuf muettes, *b, p, f; g, c, k, q; d* et *t;*
Deux liquides, *l, r ;*
Et deux lettres doubles, *x* et *z*.

4. Remarques.

1° Dans les mots tirés du grec, *iota* reste toujours voyelle : *I-a-son*, *i-am-bus* (3 syllabes).

Dans les noms hébreux, la consonne *iod* se remplace par la consonne *j*, quoiqu'on puisse aussi en faire une voyelle à la manière des Grecs : *Je-sus* (2 syll.) ou *I-e-sus* (3 syll.).

J passe pour une consonne double entre deux voyelles dans le corps d'un mot simple : *major* (pour *mai-ior*).

2° *H* ne compte jamais comme consonne; c'est un simple signe d'aspiration : *traho, hic*, comme *trao, ic*.

3° *M* et *n* sont aussi des liquides dans les mots grecs; *qu* compte comme *q* simple : *qua-re, e-quus* (2 syll.).

Division des syllabes.

5. Dans la division des syllabes, on observe les deux règles suivantes :

1ʳᵉ R. — Une consonne placée entre deux voyelles, appartient à la suivante : *ma-ter*.

2ᵉ R. — Plusieurs consonnes juxtaposées appartiennent à la voyelle qui les suit, quand elles peuvent ensemble commencer un mot latin ou grec.

Ainsi l'on réunit en tête d'une syllabe :

1° Les muettes et les liquides qui les suivent, comme *bl, br, cl, cr, tl, tr, phl, thl*..., et, par imitation du grec, *cm, cn, dm, dn, tm, tn, gm, gn, chn, phn, thm* (χν, φν, θμ) :

Hy-bla, pa-tris, a-cris, Ca-dmus, a-gmen, Da-phne;

2° Les consonnes *mn, bd, ct, pt, phth, bs, ps* (φθ, ψ), et par analogie *gd, ctr, ptr* : *o-mnis, di-ctum, i-pse, sce-ptrum;*

3° La lettre *s* et les consonnes qui la suivent, sauf le cas où *s* est doublé (*os-sis*) : *i-ste, po-sco, a-sper, ca-stra, i-sthmus*.

6. Remarques. 1° On sépare, au contraire, les consonnes doublées, les liquides et les muettes qui les suivent (sauf *mn*) :

fal-lo, al-ter, mul-ctrum.

2° Dans les mots composés par juxtaposition, on sépare les parties dont ils sont formés : *ab-utor, abs-condo, dis-crimen, et-iam, in-eram, pros-odia*; de même *red-eo, sed-itio, prod-est*, où *d* est euphonique.

Vers et Pieds.

7. Le *vers* se compose de *pieds*, le *pied* de syllabes.

Les pieds principaux sont le *dactyle* (une longue suivie de deux brèves, *cōrpŏrŭ*), et le *spondée* (deux longues, *mūltōs*).

Le vers principal est l'*hexamètre*, composé de six pieds, dactyles et spondées, de manière que le 5ᵉ pied soit toujours un dactyle, et le 6ᵉ, un spondée.

Scander un vers, c'est le décomposer en pieds, par ex. :

$$\overset{1}{Dōnĕc\ \ĕ}|\overset{2}{rĭs\ fē}|\overset{3}{līx,}\ \overset{4}{mŭl}|\overset{}{tōs}\ \overset{5}{nŭmĕ}|\overset{}{rābĭs}\ \overset{6}{ă}|\overset{}{mīcōs.}\ O.$$

REMARQUE. La dernière syllabe de tout vers peut être longue ou brève.

Césure.

8. On appelle *césure* (de *cædo*, couper) une syllabe longue qui finit un mot et commence un pied, comme les syllabes *ris*, *lix* et *tos*, dans le vers suivant :

Donec c|ris fe|lix, mul|tos nume|rabis a|micos. O.

Élision.

9. On *élide*, en poésie, toute voyelle ou diphtongue finale, même terminée par *m*, devant un mot commençant par une voyelle ou une diphtongue :

*Ill*um *ĕtĭ*|*ām laŭ*|*ri, ill*um *ĕtĭ*|*ām flē*|*vĕrĕ mÿ*|*rīcæ.* V.

10. REMARQUES. 1° La lettre *h* n'empêche pas l'élision (4) :

Māgnănĭ|*mi hērō*|*ēs, nā*|*tī mĕlĭ*|*ōrĭbŭs* | *ānnīs.* V.

2° Les interjections *o*, *ah*, *heu*, *eheu*, *hei*, *io*, *oi*, *hoi*, *hui*, *proh*, *vah*, ne s'élident pas.

Division de la Prosodie.

11. Cette prosodie est divisée en deux parties ; la première traite de la *quantité*, et la seconde, de la *versification*.

PREMIÈRE PARTIE

DE LA QUANTITÉ

CHAPITRE PREMIER

RÈGLES GÉNÉRALES

Voyelle. — *Pŭer.*

12. Toute voyelle suivie d'une voyelle dans un même mot, est brève, comme *pŭer, trăho, prŏavus* :

   Disce, pŭer, virtutem ex me, verumque laborem. V.

13. **Exceptions.**

1° *A* est long dans l'ancien génitif *āï*, comme *auräï*.

A, *e*, sont longs au voc. des noms propres en *aius*, *eius* : *Cāi, Pompēi*.

2° *E* est long entre deux *i*, à la 5ᵉ déclinaison, comme *diēi* ; et dans *ēheu*.

3° *I* est long dans les formes de *fio*, où *r* ne se trouve pas : *fīo, fīam* ; mais *fĭeri, fĭerem*.

I est commun dans *Marĭa, Dĭana* ; et dans les génitifs en *ĭus* (longs en prose), comme *illīus*, sauf *alterĭus* et *alīus* (de *ali-ius*).

4° *O* est commun dans *ŏhe*.

5° Enfin dans les mots d'origine grecque, les voyelles sont longues, quand elles correspondent à des voyelles longues en grec (ᾱ, ῑ, ῡ, η, ω), ou à des diphthongues (surtout ει), comme *āer, Lāius, Menelāus, herōes, dīa* et *dīum* (de δῖος), *elegīa, Darīus, Ænēas, Atrīdes*... ; de même certains noms hébreux, comme *Elīas*.

14. REMARQUES. 1° On dit *chorĕa* (V.), *ĕos, platĕa* H.)

2° *Ai* est diphtongue dans *aio* et *aiunt*.

Diphtongue. — *Musæ*.

15. Toute diphtongue est longue, comme *Musǣ* :

Sicelides Musǣ, paūlo majora canamus. V.

16. Exception.

Præ en composition est bref devant une voyelle : *prăit*.

Contraction. — *Dī*.

17. Toute voyelle qui vient d'une contraction, est longue, comme *dī* pour *dĭĭ* :

Dī, prohibete minas ; dī, talem avertite casum. V.

De même *cōgo* de *cŏăgo* ; *mī* pour *mĭhĭ* ; *nīl* pour *nĭhĭl*.

Règle de position. — *Hŏstis*, *Trōja*

18. Une voyelle est longue par position, quand, dans le corps d'un mot, elle est suivie de *j*, *x*, *z*, ou de deux consonnes, lors même que la 2ᵈᵉ appartiendrait au mot suivant :

Hŏstis habēt muros, ruit ālto a cūlmine Trōja. V.

19. REMARQUES. 1° La voyelle reste brève à la fin d'un mot, si les deux consonnes ou les lettres doubles commencent le mot suivant : *lucentĕ smaragdis* (O.) ; *nemorosă Zacynthos* (V.) ; *æquorā Xerxem* (L.).

Il faut éviter ces rencontres, à moins que les deux consonnes ne soient une muette suivie d'une liquide, comme *ossă tremor* (V.).

2° *I* est bref devant *j* dans les composés de *jugum*, comme *bĭ-jugus* (4).

Exception des liquides. — *Pătris*.

20. Une voyelle, brève de sa nature, devient commune devant une muette et une liquide, appartenant toutes deux à la syllabe suivante, comme *pă-ter*, *pă-tris* :

Natum ante ora pătris, pătrem qui obtruncat ad aras. V.

De même *assĕcla*, *volŭcer*, *volŭ-cris* ; *Tĕ-cmessa*, *ĭ-chneumon* (4).

21. REMARQUES. 1° Si la voyelle est longue de sa nature, ou si les deux consonnes appartiennent à deux syllabes, la voyelle est longue : *mā-ter*, *mā-tris* ; *āb-luo* (6).

2° *Re* en composition reste bref devant *fl*, *fr* : *rĕ-flecto*, *rĕ-fringo* ; de même *i* devant *fluus*, *fragus* : *melli-fluus*, *ossi-fragus*.

3° On dit *arbĭ-tror* (- *trium*), *locŭ-ples*, *pŭ-blicus*.

I Devant *V*. — *Rĭvus*.

22. *I* devant *v* dans les syllabes radicales est long, comme *rīvus*, excepté *nix*, *nĭvis* :

> *Dulcis aquæ saliente sitim restinguere rivo.* V.

Remarque. *I* devant *v* est bref dans les composés, comme *bĭ-vium*.

Parfaits dissyllabes. — *Vēni*.

23. Les parfaits de deux syllabes ont la 1ʳᵉ longue, comme *vēni*, *vīdi*, *vīci* :

> *Vēnit summa dies, et ineluctabile tempus.* V.

24. Exceptions.

Bĭbi, *dĕdi*, *fĭdi*, *scĭdi*, *stĕti*, *stĭti*, *tŭli*, *per-cŭli*.

Parfaits à redoublement. — *Cĕcĭni*.

25. Les parfaits à redoublement ont les deux premières syllabes brèves, comme *cĕcĭni* de *căno* :

> *Tityre, te patulæ cĕcĭni sub tegmine fagi.* V.

De même *cĕcĭdi* (de *căde*), *dĭdĭci*, *mĕmĭni*, *pĕpŭli*, *pŭpŭgi*, *tĕtĭgi*, *tŭtŭdi*.

26. Exception.

Le redoublement seul est bref, quand la syllabe radicale est longue par nature ou reste longue par position, comme *cĕcīdi* (de *cædo*), *cŭcūrri*.

De même *fĕfēlli*, *mŏmōrdi*, *pĕpēndi*, *pĕpērci*, *pŏpōsci*, *spŏpōndi*, *tĕtēndi*, *tŏtōndi*. (Conf. *pă-pāver*, *cŭ-cŭmis*, *sŭ-sŭrrus*....).

Supins dissyllabes. — *Vīsum*, *vīsu*.

27. Les supins de deux syllabes ont la 1ʳᵉ longue, comme *vīsum*, *vīsu* :

> *Terribiles visu formæ, Letumque Laborque.* V.

28. Exceptions.

Dătum de *do*, *rătum* de *reor*, *sătum* de *sero*, *stătum* de *sisto*,
Cĭtum de *cieo*, *ĭtum* de *eo*, *lĭtum* de *lino*, *quĭtum* de *queo*,
Sĭtum de *sino*, *rŭtum* de *ruo*, et *fŭt-urus* (de l'inus. *fŭtum*).

Supins polysyllabes. — *Dormītum, monĭti.*

29. Les supins polysyllabes ont la pénultième longue, comme *solūtum, dormītum;* excepté les supins en *itum* dont le parfait n'est pas en *īvi*, comme *mon-ĭtum* de *mon-eo, ui :*

Lusum it Mœcenas, dormītum ego Virgiliusque. H.
Discite justitiam monĭti, et non temnere divos. V.

REM. *Recens-eo, -ui,* fait *recens-ītum; san-cio, -xi, -cītum.*

Composés. — *Collĭgit.*

30. Les composés gardent la quantité des mots composants, même en changeant de voyelles : *re-lĕgo, col-lĭgo*, de *lĕgo* :

Squameus in spiram tractu se collĭgit anguis. V.

31. Exceptions.

1° Les composés de *dīco* terminés en *dĭcus*, comme *male-dĭcus;*
2° *De-jĕro* et *pe-jĕro* de *jūro; pro-nŭba, in-nŭba, con-nŭbium* de *nūbo; cog-nĭtum, a-gnĭtum*, de *nōtum;* et quelques autres.

32. REMARQUE. Il importe d'être familiarisé avec les changements des voyelles en composition. (V. *Gr. lat.*, 255-265.)

Ainsi, sans dictionnaire, on saura la quantité de *occĭdo*, tomber (*ob-cădo*); de *occīdo*, tuer (*ob-cædo*); de *obēdio* (*ob-audio*); de *insĭtum* (*in-sătum*); de *effĭcio* (*ex-făcio*), de *inīquus* (*in-æquus*)...

Du composé on peut aussi conclure au simple : de *incŏla, cŏlo*...

Prépositions des composés. — *Amissos, rĕquirunt.*

33. *A, ē, dē, dī, prō, sē, vē, trā,* étant longs par nature, restent longs en composition; *rĕ, antĕ, circŭm,* sont brefs * :

Amissos longo socios sermone rĕquirunt. V.

* *ā-mitto, ē-jicio, dē-mens, dī-versus, prō-sum, prō-d-est, sē-curus, vē-cors, trā-do, rĕ-quiro, antĕ-pono, circŭm-ago.*

34. Exceptions.

1° *Di* est bref dans *dĭrimo, dĭsertus;* re est long dans l'impersonnel *rēfert* (95). — 2° *Pro* est bref dans les mots suivants : *Prŏcella, prŏceres, prŏcul, prŏfanus, prŏfari, prŏfecto, prŏfestus, prŏficiscor, prŏfiteor, prŏfugio, prŏfundo, prŏfundus, prŏne-pos* (-ptis), *prŏpitius, prŏtervus, prŏut* (ord^t *proŭt*); pro est commun dans *prŏcuro, prŏpino.* — *Prŏpero, prŏpinquus,* viennent de *prŏpe.*

Prōpago (race), *prŏpago* (propager), *prŏpago*, rejeton d'arbre.

35. Remarques.

1° *A* et *pro* grecs sont brefs, comme *ă-tomos*, *prŏ-pheta*.

2° *Ab*, *ăd*, *ăn* (de *amb*), *ĭn*, *intĕr*, *ŏb*, *pĕr*, *prætĕr*, *proptĕr*, *sŭb*, *subtĕr*, *supĕr*, restent brefs devant une voyelle, et deviennent longs devant une consonne : *ăb-eo*, *āb-duco*, *ān-helo*.

Quelquefois *ab*, *ob*, restent brefs devant une consonne, en perdant eux-mêmes leur consonne, comme *ă-perio*, *ŏ-perio*, *ŏ-mitto*.

3° *Re* est ordinairement allongé en poésie, par suite du redoublement de la consonne suivante, dans *rēccido*, *rēlligio*, *rēlliquiæ*, et dans *rēpperi*, *rēppuli*, *rēttuli* et *rēttudi* (pour *rĕ-peperi*, *rĕ-pepuli*...).

Voyelles de liaison. — *Omn-ĭ-potens*.

36. Dans les mots composés, les voyelles *i*, *e*, *u*, sont brèves, quand elles servent de liaison entre deux radicaux finissant et commençant par des consonnes, comme *omn-ĭ-potens*, *stup-ĕ-factus*, *quadr-ŭ-pes* :

Tum Pater omnĭpotens, rerum cui summa potestas. V.

De même *o* (*ŏ*) dans les mots grecs : *phil-ŏ-sophus*, *Arg-ŏ-nauta*.

37. Remarque. Cette règle est une des plus importantes, à cause de ses nombreuses applications dans les mots composés ou dérivés (53), comme le montrent les exemples suivants :

bell-ĭ-fer, bell-ĭ-ger, bell-ĭ-potens, bell-ĭ-cus, bell-ĭ-cosus ;
dulc-ĭ-fluus, dulc-ĭ-loquus, dulc-ĭ-sonus, dulc-ĭ-tas, dulc-ĭ-culus ;
magn-ĭ-dicus, magn-ĭ-ficus, magn-ĭ-loquus, magn-ĭ-tudo ;
agr-ĭ-cola, agr-ĭ-cultura, pen-ĭ-cillus, sem-ĭ-pes, sanct-ĭ-monia ;
tub-ĭ-cen, b-ĭ-ceps, tr-ĭ-corpor, un-ĭ-versus, semp-ĭ-ternus ;
liqu-ĕ-factus, val-ĕ-dico, tr-ĕ-centi, pet-ŭ-lans, Troj-ŭ-gena ;
ut-ĭ-nam, ut-ĭ-que, und-ĭ-que, etc.

38. Exceptions.

Rarē-facio, *expergē-facio*, *prī-die*, *quot-ī-die*, *bī-duum*, *trī-duum* (et autres semblables).

C'est par suite d'une contraction ou de la suppression d'une syllabe, que *i*, *e*, *u*, sont longs dans les mots suivants :

Venē(ni)-*ficus*, *sē*(mis)-*libra*, *ī*(re)-*licet*, *scī*(re)-*licet*, *tibī*(*ā*)-*cen*, *vī*(vi)-*pera*, *bī*(ju)-*gæ*..., *sē*(x)-*decim*, *merī-dies* (medius-dies), *jū*(ve)-*nior*.

QUANTITÉ

Mots unis par juxtaposition. — *Quāre.*

39. Quand les mots sont unis par simple juxtaposition, la voyelle finale du premier garde sa quantité, comme *quā-re :*

Et sī-quis quærat quā-re pugnare recuses. O.

Tels sont les composés de *nĕ, sī, quī, tantī, quantī,* comme *nē-quis, nē-quam, nĕ-mo* (ne-homo), *sī-quis, sī-c-ubi, quī-libet, tantī-dem, quantī-cumque ;* de même *quā-propter, quiă-nam, duŏ-decim, quŏ-minus, quŏ-quŏ-versus,* etc.

40. Exceptions.

Quă-si (quam-si), *sĭ-quidem, hŏ-die* (hoc die), *ĭdem* (n.), *ibĭ-dem, ubĭ-que, quandŏ-quidem.*

41. REMARQUES. 1° *Nĕ-que, nĕ-queo, nĕ-fas...,* sont composés de *nĕ* (nec), comme *nĕc-opinus, nĕg-otium.*

2° Y est bref à la fin du premier composant : *Polў-dorus.*

Dérivés. — *Vĕniunt, felīcius.*

42. Les dérivés suivent la quantité de leur primitif le plus proche, comme *vĕn-iunt* de *vĕn-io, vēn-eram* de *vēn-i, fĕl-īc-ius* de *fĕl-īc-is :*

Hic segetes, illic vĕniunt felīcius uvæ. V.

43. REMARQUE. Les mots qui dérivent directement d'un génitif ou d'un supin, gardent la quantité de ce génitif ou de ce supin :

fĕrox, fĕrōc-is : fĕrōc-ia, fĕrōc-itas, fĕrōc-ior, -issimus, -iter ;
ōro, ōrāt-um : ōrāt-io, ōrāt-or, ōrāt-rix, ōrāt-orius ;
mŏneo, mŏnĭt-um : mŏnĭt-io, mŏnĭt-or, -orius.

44. Exceptions.

1° *Hūmanus* de *hŏmo ; fīd-o, fīd-us,* de *fĭd-es ; rex, rēg-is,* de *rĕg-ere ; păc-iscor,* de *pax, păc-is ; tēg-ula* de *tĕg-ere ; sĕd-es* de *sĕd-eo, sōp-io* de *sŏp-or, līqu-i* de *lĭqu-or, -eo, dīc-ax* de *dīc-o...*

2° Dans plusieurs dérivés, la syllabe radicale, brève par nature, devient longue ou commune par position :

sŭ-per, sŭ-pra ; să-cer, să-cro ; sŏ-cer, sŏ-crus ;
lă-bia, lă-brum ; sĭ-gillum, sĭ-gnum ; pŭ-gillus, pŭ-gnum ;
ŏf-ella, ŏf-fa ; colŭm-en, -ella, colŭm-na.
gĕ-nus, gĭ-g(e)no, pŏs-itum, pŏ-(si)no...

3° Quelquefois la syllabe radicale devient brève, par suite de l'allongement de la terminaison :

mōl-es, mŏl-estus ; lux, lūc-is, lŭc-erna ; pūs-us, pŭs-illus ;
lāb-i, lă-bāre ; e-dūc-ĕre, e-dŭc-āre ; dīc-ĕre, dĭc-āre ; etc.

Suffixes des noms, adjectifs et adverbes (208).

Suffixes en A. — *Certāmen*, *humānus*.

45. *A* est long dans les dérivés en *āmen*, *ātor*..., *ānus*, *ābilis*..., *ātim*, comme *cert-āmen*, *hum-ānus*, *cert-ātim* :

> Et certāmen erat Corydon cum Thyrside magnum. V.
> Ludit in humānis divina potentia rebus. O.

Subst. : ābra, ābrum, ābula (um), ācrum, āculum, āgo, āmen, āmentum, ārius (um), ātium, ātor-ātrix, ātrum, ātum, ātus, ātes (nom de peuple).
Adj. : ābilis, ābundus, āceus, ācundus, ālis, āneus, ānus, āris, ārius, ārus, ātus, āticus, ātilis, āginta (āgies....).

46. Exceptions.

A est bref dans *affătim*, et dans les mots qui dérivent d'un supin bref (43), comme *stăbilis*, *stăbulum*, *stătim* (de *stă-tum*).

Dans *hăb-ilis*, *ad-ăg-ium*, *jăc-ulum*, *băc-ulum*, *nau-frăg-ium*, *ă* fait partie de la syllabe radicale ; *hilăris* vient du grec ἱλαρός.

47. REMARQUE. *A* est aussi long dans les noms moins nombreux en *āges*, *āgium*, *āgulum*, *ānea*, comme *comp-āges*, *cont-āgium*, *rep-āgula*, *ar-ānea*.

Suffixes en E. — *Sēmen*, *flēbile*.

48. *E* est long dans les dérivés en *ēmen*, *ētor*..., *ēnus*, *ēbilis*..., comme *s-ēmen*, *fl-ēbile* :

> Prima Ceres docuit turgescere sēmen in agris. O.
> Flēbile nescio quid queritur lyra, flēbile lingua. O.

Subst. : ēcula, ēdo, ēla, ēlia, ēmen, ēmentum, ēna, ētudo, ēlum.
Adj. : ēbilis, ēcundus, ēlis, ēmus, ēnus, ērus, ēsimus.

49. Exceptions.

E est bref :

1° Dans les dérivés en *iĕtas*, *ĕries*, *ĕrium*, *ĕbundus*, comme *pi-ĕtas*, *mat-ĕries* (*ĕria*), *minist-ĕr-ium*, *trem-ĕ-bundus* ;

2° Dans *elĕmenta*, *fĕmen* (mais *fēmina*), *ext-ĕrus*, *inf-ĕrus*, *post-ĕrus*, *prop-ĕrus*, *sup-ĕrus*.

50. REMARQUE. Les terminaisons *vĕna* (de *vĕn-io*) et *gĕna* (de *gĕn-us*) ne sont pas des suffixes.

Suffixes en *I* long. — *Orīgo, divīnus.*

51. *I* est long dans les dérivés en *īmen, īgo..., īnus, ītus..., ītim*, comme *orīgo, divīnus, vir-ītim* :

> *Igneus est ollis vigor, et cœlestis orīgo.* V.
> *Ludit in humanis divīna potentia rebus.* O.

Subst. : īca, īdo, īgo, īle, īmen, īmentum, īna, ītes (nom de peuple).
Adj. : īnus, ītus, īvus.

52. Exceptions.

I est bref : 1° dans *regĭmen, alĭmentum, mon-ĭmentum* ;
2° Dans *fabr-ĭca, man-ĭcæ, mant-ĭca, tun-ĭca, pert-ĭca* ;
3° Dans *as-ĭna, dom-ĭna, fem-ĭna, fisc-ĭna, lam-ĭna, nund-ĭna, pag-ĭna, pat-ĭna, sarc-ĭna, trut-ĭna,* et *gem-ĭni* ;
4° Dans les adjectifs en *inus* qui marquent le temps ou la matière, comme *crast-ĭnus, cedr-ĭnus* (sauf *matut-īnus* et *vespert-īnus*).

Suffixes en *I* bref. — *Mobilĭtas, utĭle.*

53. *I* est bref, comme voyelle de liaison entre le suffixe et le radical, dans les dérivés en *ĭtas, ĭtor... ĭlis, ĭcus..., ĭter, ĭtus*, comme *mobil-ĭ-tas, ut-ĭ-lis, par-ĭ-ter, fund-ĭ-tus* :

> *Mobilĭtate viget, viresque acquirit eundo.* V.
> *Omne tulit punctum, qui miscuit utĭle dulci.* H.

Subst. . ĭbulum, ĭculus (a, um), ĭmon-ia (ium), ĭta, ĭtas, ĭtia, ĭtor, ĭtudo, ĭtum, ĭtus.
Adj. : ĭbilis, ĭbundus, ĭcius, ĭculus, ĭcundus, ĭcus, ĭdus, ĭlentus, ĭlis, ĭmus, ĭtanus, ĭtimus.
Adv. : ĭter, ĭtus.
De même *ill-ĭ-co, mord-ĭ-cus.*

54. Exceptions.

I est long : 1° dans *canīcula, cunīculus, cutīcula, febrīcula, pedīculus, perīculum, postīculum,* et *perīt-ia* (de *perīt-us*) ;
2° Dans les adjectifs en *ilis* qui viennent d'un nom ou d'un adjectif, comme *civ-īlis, sext-īlis* (sauf *hum-ilis* et *par-ilis*) ; de même dans *ex-īlis* et *subt-īlis* ;
3° Dans les adjectifs en *īcius* qui viennent d'un verbe, comme *advent-īcius* ; de même *nov-īcius* (de *novus*) ;
4° Dans les adjectifs suivants en *īcus* et *īmus* :
am-īcus, ant-īcus, apr-īcus, mend-īcus, post-īcus, pud-īcus ;
imus, op-īmus, pr-īmus, b-īmus, quadr-īmus (et semblables).

Suffixes en O. — *Nōmen, formōsus, fili-ŏlus.*

55. *O* est long dans les dérivés en *ōmen, ōna..., ōrus, ōsus...,* comme *nōmen, form-ōsus;* il est bref dans les diminutifs en *ŏl-us (a, um)*, comme *fili-ŏlus* :

> *Illustres animas, nostrumque in nōmen ituras.* V.
> *Formōsi pecoris custos, formōsior ipse.* V.

Subst. : ōculum, ōmen, ōmentum, ōn-a, ōnia, ōnium, ōnus, ōra, ōrium, ōtes (nom de peuple), ŏl-us (a, um).

Adj. : ōbilis, ōrus, ōsus, ŏl-us (a, um).

56. REMARQUES. 1° *O* est encore bref, comme voyelle de liaison, dans les dérivés en *ŏlentus (a, um)*, comme *vi-ŏ-lentus.*

2° La terminaison *cŏla* (de *cŏl-o, ere*) n'est pas un suffixe.

Suffixes en U. — *Flūmen, volūbile.*

57. *U* est long dans les dérivés en *ūmen, ūgo..., ūnus, ūbilis..., ūtim,* comme *flūmen, œrūgo, vol-ūbilis, min-ūtim;* il est bref dans les diminutifs en *ŭl-us (a, um)*, comme *riv-ŭlus, parv-ŭlus* :

> *Volvitur ille, vomens calidum de pectore flūmen.* V.
> *Impubesque manus mirata volūbile buxum.* V.

Subst. : ūca, ūcia, ūcrum, ūdo, ūgo, ūmen, ūmentum, ūn-us (a), ūnia, ūra, ŭl-us (a, um).

Adj. : ūbilis, ūcundus, ūlis, ūnus, ūrus, ūtus, ŭl-us (a, um)

Adv. : ūtim.

58. REMARQUES.

1° *U* est encore bref dans *col-ŭmen, doc-ŭm-en (entum), mon-ŭmentum, teg-ŭm-en (entum), emol-ŭmentum;* et dans les dérivés en *ŭleus, ŭr-ia, ŭvies, ŭvius (um), ŭlentus, ŭmus* (arch. pour *ĭmus*), comme *ac-ŭleus, cent-ŭria, coll-ŭvies, fl-ŭvius, dil-ŭvium, op-ŭlentus, post-ŭmus.*

2° *Cucŭlus* (coucou) et *cūria* ne sont pas des mots dérivés; *incūria, injūria,* viennent de *cūra, jus-jūris;* et *purpūra,* du grec πορφύρα. — De *lemŭres* vient *lemūria* (n. pl.); de *diŭ* : *diŭturnus, diŭtinus, diŭtius.*

Suffixes des verbes. — *Equĭto.*

59. *I, U*, sont brefs dans les verbes dérivés en *ĭco, ĭgo, ĭno, ĭto, ŭlo* et *ŭrio* (désidératif), comme *equ-ĭto, es-ŭrio* :

Ludere par impar, equĭtare in arundine longa. H.

alb-*ĭco*, rust-*ĭcor*; læv-*ĭgo*, lit-*ĭgo*, mit-*ĭgo*, nav-*ĭgo*...;
contam-*ĭno*, dest-*ĭno*, latro-*cĭnor*, vati-*cĭnor*...;
exc-*ĭto*, flag-*ĭto*, pigr-*ĭtor*; amb-*ŭlo*, pull-*ŭlo*...
De même : vent-*ĭlo*, vi-*ŏlo*, æst-*ŭmo*, aut-*ŭmo*...

60. Exceptions.

I est long dans *mend-īco*, *cast-īgo*, *fat-īgo*, *vest-īgo*, *fest-īno*, *op-īnor*, *dorm-īto*, *mar-īto*, *quirr-īto*, *scīt-or*.

U est long dans *ad-ūlor, lig-ūrio, prūr-io, scat-ūrio.*

61. REMARQUE. *In-clīno, ir-rīto, in-dīco, in-vīto,* sont des verbes composés (206); *fīg-o, flīg-o*..., sont des primitifs.

Patronymiques. — *Iliădes, Æacĭdes, Ænēis.*

62. *A, I,* sont brefs dans les patronymiques masculins en *ădes, ĭdes*, comme *Ili-ădes, Æac-ĭdes*; *e, i, o,* sont longs dans les patronymiques féminins en *ēis, īne, ōne,* comme *Ænēis, Nerīne, Acrisiōne* (209) :

Ipsumque Æacĭden, genus armipotentis Achilli. V.
Et tamen ille tuæ felix Ænēidos auctor O.

63. Exceptions.

I est long : 1° dans les patronymiques en *ides, ida,* formés des noms en *eus* (ευς, d'où ειδης), comme *Atr-eus, Atr-īdes* ou *īda;*

2° Dans quelques patronymiques formés de noms de la 2ᵉ déclinaison, comme *Bel-us, īdes;*

3° Dans les patronymiques en *clida, clides,* comme *Hera-clīda.*

CHAPITRE DEUXIÈME

CRÉMENTS

64 On appelle *crément* (de *incrementum*, *in-cresco*), une augmentation de syllabes dans les mots qui se déclinent ou se conjuguent.

Les syllabes qui forment le crément, sont d'abord la pénultième, puis avec elle l'antépénultième, et quelquefois encore la syllabe précédente, suivant que les mots augmentent d'une, de deux, de trois syllabes.

On trouve le crément dans les noms et les adjectifs, en comparant leurs différents cas au nominatif singulier; dans les verbes, en comparant leurs différentes formes à la 2de personne du singulier du présent de l'indicatif actif.

Dans les verbes déponents, on suppose l'actif : *imit-or*, *imit-as*.
Ainsi *so-ro-ris*,   3 syll. — *so-ror*, 2 syll. — 1 crém., *ro*;
  pu-e-ro-rum, 4 syll. — *pu-er*, 2 syll. — 2 crém., *e, ro*;
  a-ma-re-mi-ni, 5 syll. — *a-mas*, 2 syll. — 3 crém., *ma, re, mi*;
  i-mi ta-be-ris, 5 syll. — *i-mi-tas*, 3 syll. — 2 crém., *ta, be*.

Art. I. — CRÉMENTS DES NOMS ET DES ADJECTIFS

I. CRÉMENTS DU SINGULIER

65. La 1re déclinaison n'a pas de crément au singulier, si ce n'est à l'ancien génitif en *aï*, comme *aulāï* (V.) pour *aulœ*.

2e Déclinaison.

E, I, U crÉments. — *Puer, puĕri*.

66. *E, I, U*, créments du singulier, sont brefs dans la 2de déclinaison, comme *puer, puĕr-i; vir, vĭr-i; satur, satŭr-i*:

  Maxima debetur puĕro reverentia; si quid
  Turpe paras, ne tu puĕri contempseris annos. Juv.

67. Exceptions.

Ib-er, ē-ri; Celtib-er, ē-ri, et le génitif en *ĭus* (13).

3ᵉ Déclinaison.

A CRÉMENT. — *Piet-as, -ātis.*

68. *A*, crément du singulier, est long dans la 3ᵉ déclinaison, comme *piet-as, -ātis* :

Si te nulla movet tantæ pietātis imago. V.

69. Exceptions.

A, crément du singulier, est bref :
1º Dans les noms masc. en *al, ar*, comme *sal, sălis; Cæs-ar, ăris*;
2º Dans *par* et ses composés, *baccar, jubar, hepar, nectar, fax, vas (vădis), mas, anas*, et les noms qui ont une consonne devant *s*, comme *trabs*;
3º Dans les noms grecs en *a, as*, comme *poem-a, ătis; Pall-as, ădis;* de même les noms en αξ, αχος bref : *arctophyl-ax, -ăcis*.

E CRÉMENT. — *Grex, grĕ-gis.*

70. *E*, crément du singulier, est bref dans la 3ᵉ déclinaison, comme *grex, grĕ-gis, pulv-is, ĕ-ris* :

Mille grĕges illi, totidemque armenta per herbas. V.

71. Exceptions.

E, crément du singulier, est long :
1º Dans *ver, Ser, hæres, locuples, merces, quies, rex, lex, vervex, halex, seps, plebs*;
2º Dans les noms hébreux en *el*, comme *Dani-el, ēlis*;
3º Dans les noms grecs en *en-enis, er-eris, es-etis* (ηνος, ηρος, ητος), comme *Sir-en, ēnis; crat-er, ēris; tap-es, ētis;* sauf *hymen, ĕnis; aer, aĕris; æther, ĕris*, qui ont ε en grec.

I, Y CRÉMENTS. — *Hom-o, ĭnis.*

72. *I, Y*, créments du singulier, sont brefs dans la 3ᵉ déclinaison, comme *hom-o, ĭnis, mart-yr, ўris* :

Os homĭni sublime dedit, cœlumque tueri
Jussit, et erectos ad sidera tollere vultus. O.

73. Exceptions.

I, y, créments du singulier, sont longs :

1° Dans les noms en *ix* ou *yx*, comme *fel-ix, īcis; bomb-yx, ȳcis;* sauf les mots suivants :

calix, larix, salix, varix, cilix, filix, fornix, nix, pix, (vix)-vĭcem, Eryx, onyx, sardonyx;

2° Dans *lis, dis, glis, vis, Quiris, Samnis, gryps, vibex;*

3° Dans les noms grecs dont le génitif est *inis, ynis,* comme *Salam-is, īnis, Delph-in, īnis.*

O CRÉMENT. — *Dol-or, -ōris.*

74. *O,* crément du singulier, est long dans la 3ᵉ déclinaison, comme *dol-or, ōris* :

Infandum, regina, jubes renovare dolōrem. V.

75. Exceptions.

O, crément du singulier, est bref :

1° Dans les noms neutres en *or, ur, us,* comme *marm-or, ŏris; eb-ur, ŏris; pect-us, ŏris;*

2° Dans *arbor, memor, bos, compos, impos, præcox, Cappadox, lepus, tri-pus (pŏdis)* et autres composés de πούς;

3° Dans les noms en *ops,* comme *(ops) ŏpis,* sauf *hydrops* et *cyclops;*

4° Dans les noms grecs qui ont un *omicron* au génitif, comme *Hect-or, ŏris; Agamemn-on, ŏnis;* tels sont les noms de peuples en *ones,* comme *Senŏnes.* (Cependant *Britŏnes, Ori-on, ŏnis.*)

U CRÉMENT. — *Dux, dŭ-cis.*

76. *U,* crément du singulier, est bref dans la 3ᵉ déclinaison, comme *dux, dŭ-cis* :

Magnanimosque dŭces, populos et prælia dicam. V.

77. Exceptions.

U, crément du singulier, est long :

1° Dans les noms en *us-udis, -uris, -utis : pal-us, ūdis; rus, rūris; sal-us, ūtis,* sauf *pec-us, ŭdis, interc-us, ŭtis,* et *Lig-ur, ŭris;*

2° Dans *lux, Pollux, fur* et *(frux) frūgis.*

4ᵉ et 5ᵉ Déclinaison.

78. Dans la 4ᵉ et la 5ᵉ déclinaison, les créments du sing. *u, e,* sont brefs, parce qu'ils sont suivis d'une voyelle : *man-ŭ-i, spĕ-i;* excepté *di-ē-i* (12, 13).

II. CRÉMENTS DU PLURIEL

79. Outre le crément du singulier qui garde sa quantité au pluriel, le pluriel a souvent un crément qui lui est propre.

Le crément du pluriel est la pénultième du génitif, du datif et de l'ablatif : dans *rosārum, templōrum, leonĭbus*, ce sont les pénultièmes *sā, plō, nĭ*; l'antépénultième *o* dans *leōnibus* est le crément du singulier (*le-o, le-ō-nis*).

Créments du pluriel. — *Flammārum, fornacĭbus.*

80. *A, E, O*, créments du pluriel, sont longs, comme *flammārum, diērum, templōrum*; *i, u*, sont brefs, comme *fornacĭbus, artŭbus* :

*Vidimus undantem, ruptis fornacĭbus, Ætnam
Flammārumque globos liquefactaque volvere saxa.* V.

81. REMARQUE. *Bos, bŏvis* fait au datif et à l'abl. pl. *bōbus* ou *būbus*.

ART. II. — CRÉMENTS DES VERBES

A CRÉMENT. — *Cantābo.*

82. *A*, crément des verbes, est long, comme *amāmus, cantābo* :

Fortunam Priami cantābo, et nobile bellum. H.

83. Exception.

Le *premier* crément du verbe *do* est bref : *dă-bam, dă-bā-mus, circum-dă-re*.

E CRÉMENT. — *Conticuēre.*

84. *E*, crément des verbes, est long, comme *conticuēre, tenēbant* :

Conticuēre omnes, intentique ora tenēbant. V.

85. Exceptions.

E, crément des verbes, est bref :
1° Aux temps en *ĕram, ĕrim, ĕro* : *fuĕram, fuĕrim, fuĕro* ;
2° A la seconde personne du futur présent en *bĕris, bĕre* : *amabĕris, bĕre* ;
3° Dans la 3ᵉ conjugaison, au présent de l'indicatif et de l'infinitif, et à l'imparfait du subjonctif : *leg-ĕre* (inf.), *leg-ĕris* ou *ĕre* (ind.), *leg-ĕrer*; sauf le second crément : *leg-ĕ-rē-ris*.

86. REMARQUE. On dit *fer-vĕre* ou *ĕre, fulg-ĕre* ou *ĕre, strid-ĕre* ou *ĕre*.

I CRÉMENT. — Pandĭtur.

87. *I*, crément des verbes, est bref, comme *pandĭtur* :
Pandĭtur interea domus omnipotentis olympi. V.

88. Exceptions

I, crément des verbes, est long :
1° Dans la 4ᵉ conjugaison, comme *aud-īmus, īre, īrer*; sauf le second crément : de là *vĕn-īmus* (prés.), *vĕn-ĭmus* (parf.) ;
2° Aux parfaits en *īvi*, comme *petīvi* ;
3° Aux subjonctifs en *im*, et aux impératifs correspondants : *sīmus, sītis, velīmus, nol-īto, īte, ītote*.

REMARQUE. *Pot-īri* fait ordinairement *pot-ĭtur, ĭmur, ĕrētur, ĕrēmur*, d'après la 3ᵉ conjugaison.

O CRÉMENT. — Facitōte.

89. *O*, crément des verbes, est long, comme *facitōte* :
Cumque loqui poterit, matrem facitōte salutet. O.

U CRÉMENT. — Possŭmus.

90. *U*, crément des verbes, est bref, comme *possŭmus* :
Dicite, Pierides : non omnia possŭmus omnes. V.

91. Exception.

U crément est long au participe futur en *ūrus* : *morit-ū-rus*.

CHAPITRE TROISIÈME

SYLLABES FINALES

A final. — Regiă.

92. *A* final est bref, comme *regiă, altă, corporă* :

Regiă Solis erat sublimibus altă columnis. O.

93. Exceptions.

A final est long :
1° A l'ablatif sing. de la 1re déclinaison : *rosā, pulchrā* ;
2° Au vocatif des noms grecs en *as* : *Æneā, Atlā* ;
3° A l'impératif de la 1re conjugaison : *amā* ;
4° Dans les mots invariables, comme *ā, āh, vāh, circā, intereā, trigintā,* etc.; sauf *eiă, ită, quiă, pută* (adv.).

E final. — Incipĕ.

94. *E* final est bref, comme *incipĕ, parvĕ* :

Incipĕ, parvĕ puer, risu cognoscerĕ matrem. V.

95. Exceptions.

E final est long : 1° dans la 1re et la 5e déclinaison : *musicē, Anchisē, diē* ; de là *hodiē, quarē, rēfert, famē, requiē* ;
2° A l'impératif de la 2e conjugaison : *monē* ; sauf *cavĕ* ;
3° Dans les pronoms *mē, tē, sē* ; dans *ē, dē, nē* (de peur que), *ferē, fermē, ohē, cetē, Tempē* ;
4° Dans les adverbes formés d'adjectifs en *us* ou *er*, comme *rectē, pulchrē* ; sauf *benĕ, malĕ*.

I final. — Virtutī.

96. *I* final est long, comme *puerī, venī, virtutī* :

Fidite virtutī ; fortuna fugacior undis. O.

97. Exceptions.

1° *I* final est bref dans *nisĭ, quasĭ,* et dans les noms grecs, comme *Daphnĭ, Daphnidĭ* ; de même *y* final : *molў* ;
2° *I* final est commun dans *mihĭ, tibĭ, sibĭ, ibĭ, ubĭ* ; mais il est bref dans *sicubĭ, necubĭ, ubĭnam, ubĭvis* ; *cuī* forme une diphtongue. (Cf. 39-40, 124.)

2

O FINAL. — *Imperiō.*

100. *O* final est long : *imperiō, virgō, mementō :*

Tu regere imperiō populos, Romane, mementō.

101. Exceptions.

1° *O* final est bref dans *egŏ, duŏ, sciŏ, nesciŏ, cedŏ* (*dic*), et dans les adverbes *citŏ, imŏ, ehŏ, modŏ* (et ses composés);

2° *O* final est commun, quand la pénultième est brève, dans les noms de la 3ᵉ décl. et dans les verbes, comme *leŏ, jubeŏ, dăbŏ, dixĕrŏ;* de même dans *nōlŏ, malŏ, sērŏ* (adv.) et *vĕrŏ* (conj.).

102. REMARQUE. L'interjection *o* est commune devant une voyelle.

U FINAL. — *Manū.*

103. *U* final est long, comme *manū, cornū, Panthū* :

Tela manū miseri jactabant irrita Teucri. V.

B, D, T, L, R, FINALS. — *Annuĭt, semĕl, labŏr.*

104. *B, D, T, L, R,* finals, sont brefs, comme *ŏb, ĭd, annuĭt, semĕl, labŏr, Hectŏr* :

Annuĭt, et totum nutu tremefecĭt Olympum. V.
Et semĕl emissum volat irrevocabile verbum. H.
Tum variæ venere artes : labŏr omnia vincit. V.

105. Exceptions.

1° *B, d, t, l,* finals, sont longs dans les mots hébreux : *Jacōb, Davīd, Josaphāt, Daniēl;*

2° *L* final est encore long dans *sāl, nīl, sōl.*

3° *R* final est long dans *cūr, fūr, fār, Lār, Nār, pār;* dans *vēr, Ibēr,* et les noms grecs en *er* (*ηρ*), *eris,* comme *aēr, cratēr.*

C FINAL. — *Sīc.*

106. *C* final est long, comme *sīc :*

Sīc oculos, sīc ille manus, sīc ora ferebat. V.

107. Exceptions.

Nĕc, donĕc, sont brefs; *hĭc* (pronom) est commun.

N FINAL. — *Nōn.*

108. *N* final est long, comme *nōn, Æneān* :

*Nōn ego vos posthac, viridi projectus in antro,
Dumosa pendere procul de rupe videbo.* V.

109. Exceptions.

N final est bref :

1º Dans les noms en *en - ĭnis*, comme *flum-ĕn, ĭnis* ;

2º Dans les accusatifs grecs en *ŏn, ĭn, ăn* (ον, ιν, αν bref), *Iliŏn, Thetĭn, Maiăn* (mais *Electrān*, ᾱν) ;

3º Dans *ăn, ĭn, forsăn, forsităn, tamĕn, vidĕn', nostĭn'* (et autres semblables).

AS, ES, FINALS. — *Æneās, patrēs.*

110. *AS, ES,* finals, sont longs, comme *rosās, Æneās, patrēs* :

Æneās ignarus abest, ignarus et absit. V.
Albanique patrēs, atque altæ mœnia Romæ. V.

111. Exceptions.

As final est bref dans *an-ăs (-ătis)*; dans les noms grecs en *ăs - ădis*, comme *Pall-ăs, ădis*; et à l'acc. grec, comme *heroăs*.

Es final est bref : 1º dans *penĕs, ĕs* (de *sum*) et dans les noms qui ont le crément bref, comme *hosp-ĕs, ĭtis*; sauf *abiēs, ariēs, pariēs, Cerēs, pēs* et ses composés ;

2º Dans les noms grecs terminés en ες (au neutre ou au pluriel), comme *cacoethĕs, Arcadĕs*.

IS FINAL. — *Molĭs.*

112. *IS* final est bref, comme *molĭs, legitĭs* :

Tantæ molĭs erat Romanam condere gentem. V.

De même la plupart des noms en *ys* : *Tiphÿs*.

113. Exceptions.

Is final est long :

1º Aux cas du pluriel, comme *dominīs, nobīs, urbīs* (pour *urbeis*);

2º Dans la 4º conj., à la 2º pers. du sing. de l'ind. prés. : *audīs*;

3º Aux subjonctifs présents en *im, īs*, comme *sīs, velīs, ausīs, faxīs*; de même dans *fīs', gratīs, forīs* (adv.), *vīs* (verbe) avec ses composés *mavīs, quamvīs*... ;

4º Dans les noms en *is-īnis, -īris, -ītis, -entis*, comme *Salamīs, līs, glīs, Simoīs*.

OS FINAL. — *Animōs*

114. *OS* final est long, comme *animōs, herōs* :

Imperium terris, animōs æquabit Olympo. V.

115. Exceptions.

Os final est bref dans *compŏs, impŏs, ŏs (ossis)*, et dans les noms grecs en ος, comme *chaŏs, Delŏs, Arcadŏs.*

US FINAL. — *Lucŭs.*

116. *US* final est bref, comme *lucŭs, legimŭs* :

Lucŭs in urbe fuit media, lœtissimŭs umbra. V.

117. Exceptions.

Us final est long :

1º Dans la 4ᵉ décl. (au gén. sing. et au plur.) : *fructūs (uis, ues);*
2º Dans les mots en *ūs* – *ūdis, -ūris, -ūtis, palūs, rūs, virtūs;*
3º Dans *grūs, sūs ;* dans les noms grecs, comme *Opūs (untis), Cliūs* (g. de *Clio*); dans les composés de πούς, comme *Œdi-pūs, -podis* (aussi *Œdip-ŭs, i*); enfin dans le nom de notre divin Sauveur, JESūs.

REMARQUE SUR LES MONOSYLLABES

Monosyllabes longs.

118. Sont longs : 1º les monosyllabes terminés par une voyelle, comme *ā, dē, sī, prō, tū;*

2º Parmi les monosyllabes terminés par une consonne, les mots variables, comme *lāc, vēr, līs, bōs, plūs, hās, dō, sīs.*

119. Exceptions.

1º *Quĕ, vĕ, nĕ, cĕ, tĕ, psĕ, ptĕ* (toutes enclitiques), et *rĕ* (particule prépositive); 2º *cŏr, fĕl, mĕl, ŏs (ossis), văs (vădĭs), ĭs* (pron.), *ĕs* (de *sum*), et les verbes terminés par *t*, comme *dăt, ĭt.*

Monosyllabes brefs.

120. Sont brefs les monosyllabes invariables terminés par une consonne, comme *ăd, bĭs, tĕr, ĭn, ŭt, vĕl.*

121. Exceptions.

Cūr, crās, ēn, nōn, sīn, quīa, et les mots terminés par *c*, comme *sīc* (sauf *nĕc, donĕc, hĭc* pronom).

CHAPITRE QUATRIÈME

FIGURES ET LICENCES MÉTRIQUES

I. FIGURES MÉTRIQUES

122. Les *figures métriques* consistent dans l'emploi de certaines quantités ou formes spéciales, autorisées par les bons auteurs, pour la facilité du vers.

Les principales sont : la *synérèse*, la *diérèse*, la *systole*, l'*ectase*, la *syncope*, la *tmèse*, l'*apocope* et la *paragoge*.

La Synérèse. — *Deērunt.*

123. La *synérèse* (σύν-αἱρέω) réunit deux syllabes en une seule, soit par la contraction de deux voyelles, comme *deērunt*, soit par la suppression de la 1ʳᵉ, comme *ănteĕŏ* :

Sint Mœcenates; non deērunt, Flacce, Marones. M.

124. Remarques.

1° La synérèse se fait toujours dans le verbe *desum*; dans les composés de *ante* et de *sēmi*, comme *ăntehāc, sēmihŏmŏ*; dans *dĭī, dĭīs, iī, iīs, huĭ, huĭc*, et leurs composés; dans *suādeo, suāvis, suēscu*; presque toujours dans *deĭn, deĭnde, deĭnceps, deōrsum, seōrsum, cuĭ, proŭt* (qqf. *cŭĭ, prŏŭt*).

Eōdem, eādem, eōsdem, alveō, aureīs, Achilleī..., sont plus rares.

2° A la synérèse peut se rapporter le génitif poétique en *ī* pour *iī*, comme *peculī* (V.).

La Diérèse. — *Evolŭĭsse.*

125. La *diérèse* (διά-αἱρέω) divise une syllabe en deux, comme *evolŭĭsse* pour *evolvīsse* :

Debuerant fusos evolŭĭsse suos. O.

De même *ēvŏlŭăm, dĭssŏlŭŏ, persŏlŭenda*; *v* est changé en *u*.

La Systole. — *Stetĕrunt*.

126. La *systole* (σύν-στέλλω) fait brève une syllabe longue, comme *stetĕrunt* pour *stetērunt* :

Obstupui, stetĕruntque comæ, et vox faucibus hæsit. V.

De même *tulĕrunt* (V.), *terruĕrunt* (S.). *ŏrion* ('Ωρίων).

127. REMARQUE. Les composés de *jacio* rejettent souvent le *j*, quand il est suivi d'un *i*, comme *ăbĭcit*, *ŏbĭcit*, *reĭcit*, pour *ābjĭcit*, *ōbjĭcit*, *rējĭcit*.

L'Ectase. — *Italiam*.

128. L'*ectase* (ἐκ-τείνω) fait longue une syllabe brève, soit en allongeant la voyelle, soit en doublant une consonne, soit en changeant *i* et *u* en consonnes (*j*, *v*), comme *ītălĭă*, *rēllĭgĭŏ*, *ārĭĕtăt*, *gēnuă*, pour *ĭtălĭă*, *rĕlĭgĭŏ*, *ărĭĕtăt*, *gĕnuă* :

Italiam, Italiam primus conclamat Achates. V.

De même *Prīamidem*, *pārĭĕtĭbus*, *flūvĭōrūm*, *tēnuiă*, *rēllĭquiæ* (V.).

La Syncope. — *Gubernāclo*.

129. La *syncope* (σύν-κόπτω) retranche une lettre ou une syllabe au milieu d'un mot, comme *gubernāclum* pour *gubernācŭlum* :

Cumque gubernāclo liquidas projecit in undas. V.

De même *perīclum*, *vinclum*, *explērit*, *direxti*, *extinxem*, *porgo*, *jusso*, etc., pour *perīcŭla*, *vincŭla*, *explēvĕrit*, *direxisti*, *extinxissem*, *porrĭgo*, *jussĕro*.

130. REMARQUES. 1° La 4° conjugaison fait ordinairement l'imparfait de l'indicatif en *ībam* : *lenībant* (V.).

2° Dans l'emploi des syncopes du génitif pluriel en *ûm* pour *arum*, *orum*, *ium*, comme *virûm*, *deûm*, *superûm*, *equûm*, *cœlicolûm*..., il faut suivre les bons auteurs (Cf. *Gr. lat.* 228).

L'Apocope. — *Mortalin'?*

131. L'*apocope* (ἀπό-κόπτω) retranche *e* dans *nĕ* interrogatif placé à la fin d'un mot, comme *mortalin'* pour *mortalinĕ?*

Mortalin' decuit violari vulnere divum? V.

De même *Pyrrhin'* (V.), *viden'* (V.), *tun'* (H.), *nostin'* (O.), etc.

QUANTITÉ

La Paragoge. — *Admittiĕr.*

132. La *paragoge* (παρ-άγω) ajoute *ĕr* à l'infinitif passif ou déponent, quand la pénultième est longue, comme *admittiĕr* pour *admitti* :

.... *Confestim alacres admittiĕr orant.* V.

La Tmèse. — *Quo... cumque.*

133. La *tmèse* (τέμνω) sépare par un ou plusieurs mots les deux parties d'un mot composé :

Quo me cumque rapit tempestas, deferor hospes. H.

De même, dans Virgile, *super* unus *eram, hac* Trojana *tenus, septem* subjecta *Trioni, circum* dea *fudit*; surtout *ante... quam, prius... quam.*

II. LICENCES MÉTRIQUES

134. Les *licences métriques* sont certaines libertés que les poètes se donnent contre les règles et l'usage ; la nécessité du mètre en est la raison et l'excuse.

Il est utile de connaître ces licences pour l'explication des auteurs ; mais il faut se garder de les imiter, du moins dans les compositions de peu d'étendue.

Les licences métriques se rapportent la plupart à l'élision et à la quantité.

1° Licences sur l'élision.

135. Les poètes se dispensent quelquefois d'élider les voyelles longues et les diphthongues finales, ou bien ils les font brèves devant une voyelle :

Ter sunt conatī imponere Peliŏ Ossam. V.

De même, dans Virgile : *femineō ululatu; — sub Iliŏ alto; — si mè amas*, etc.

2° Licences sur la quantité.

136. Les poètes allongent quelquefois, comme en grec, les monosyllabes brefs, ou bien la dernière syllabe d'un mot (pour en faire une césure), surtout après le 2ᵈ pied et le 3ᵉ :

Liminaquē, laurusque Dei, totusque moveri... V.
Et animam et mentem, cum qua di nocte loquuntur. Juv.
Emicat Euryalūs, et munere victor amici. V.
Dona dehinc auro graviā, sectoque elephanto. V.

Cette licence est fréquente aux parfaits en *ĭt*.

SECONDE PARTIE

VERSIFICATION

137. La *versification* est l'art de faire des vers.

Le *vers* est un assemblage de mots mesurés et cadencés selon certaines règles.

On mesure le vers par les *pieds* dont il se compose.

Pieds.

138. Le *pied* est une certaine réunion de syllabes brèves ou longues.

Il y a des pieds de 2, 3, 4, 5 syllabes.

139. - 1° Pieds de 2 syllabes :

Le spondée.	. flēbānt;	Le chorée ou trochée.	ārmă;
Le pyrrhique.	. rŭĭt;	L'iambe.	vĭrōs.

2° Pieds de 3 syllabes :

Le dactyle .	. cōrpŏră;	Le bacchius. . . .	dŏlōrēs;
L'anapeste .	. ănĭmōs;	L'antibacchius. . .	mātūrŭs;
Le molosse .	. ārmātōs;	Le crétique. . . .	māxĭmōs;
Le tribraque.	. făcĕrĕ;	L'amphibraque. . .	cădēbăt.

3° Pieds de 4 syllabes ; ils sont composés des précédents :

Le dispondée. .	ōrātōrēs;	Le péon 1ᵉʳ. . . .	tēmpŏrĭbŭs;
Le procéleusmatique,	ăbĭĕtĕ;	— 2°. . .	pŏtēntĭă;
Le dichorée. .	cōmprŏbāvĭt;	— 3ᵉ. . .	ănĭmātŭs;
Le diiambe. .	prŏpĭnquĭtās;	— 4ᵉ. . .	călămĭtās;
Le choriambe.	nōbĭlĭtās;	L'hippius 1ᵉʳ. .	rĕpēntīnō;
L'antispaste. .	rĕcūsārĕ;	— 2ᵉ. .	cōmprŏbārŭnt;
L'ionique maj..	cālcărĭbŭs;	— 3ᵉ .	dīscōrdĭæ;
— mineur.	Lăcĕdæmōn;	— 4ᵉ. .	fōrtūnātŭs.

4° Pieds de 5 syllabes ; le principal est le *dochmius :*

Rēĭpūblĭcæ, pĕrhōrrēscĕrēnt.

140. REMARQUE. Le *dichorée* et le *dochmius* font un très bel effet dans le style oratoire, à la fin des périodes : .... *cōmprŏbāvĭt;* — .... *pĕrhōrrēscĕrēnt.* — L'hippius s'appelle aussi *épitrite*.

CHAPITRE PREMIER

VERS PRINCIPAUX

141. Les vers les plus beaux et les plus usités sont l'hexamètre, le pentamètre, l'iambique, l'alcaïque, l'asclépiade et le saphique.

Art. I. — LE VERS HEXAMÈTRE

Mesure et Emploi.

142. Le vers *hexamètre* (ἕξ, μέτρον) tiré son nom des six pieds dont il est composé (7). C'est à la fois le plus ancien et le plus beau de tous les vers.

Inventé par les Grecs, il a été transporté chez les Latins par Ennius.

Le vers hexamètre s'appelle aussi *héroïque*, parce que, plus que tout autre, il a la majesté qui sied à la louange des héros.

Il ne convient pas moins aux sujets simples, familiers ou gracieux.

On l'emploie dans l'épopée, dans les poèmes didactiques et dans la poésie légère.

Conseil pratique.

143. Quand il s'agit de faire un vers hexamètre, il faut chercher d'abord les deux derniers pieds.

Si l'on a, par exemple, la matière suivante :

Donec felix eris, numerabis multos amicos;

après avoir marqué la quantité propre à chaque syllabe, sans tenir compte de la règle de position,

Dōnĕc fēlīx ĕrĭs, nŭmĕrābĭs mūltōs ămīcōs,

on voit que le vers peut se terminer par *nŭmĕrābĭs ămīcōs;* dès lors il est facile de l'achever :

Dōnĕc ĕrĭs fēlīx, mūltōs nŭmĕrābĭs ămīcōs. O.

La Césure.

144. L'hexamètre doit avoir, au moins, une césure, placée après le 2ᵈ pied et commençant le 3ᵉ :

$$\overset{1}{\text{Ludit in}} \mid \overset{2}{\text{huma}}\mid n\bar{\imath}s \overset{3}{\text{ di}}\mid\text{vina}\overset{4}{\text{ po}}\mid\text{tentia}\overset{5}{ \mid }\text{ rebus.}\overset{6}{\text{ O.}}$$

Ludit in | huma|nīs di|vina po|tentia | rebus. O.

La césure du 3ᵉ pied peut être remplacée par deux autres, placées l'une au 2ᵈ pied, l'autre au 4ᵉ :

Semper ho|nōs no|menque tu|ūm lau|desque ma|nebunt. V.

Ces deux césures, séparées par un ou deux dactyles, impriment au vers une marche ferme et harmonieuse.

145. Remarques.

1° L'absence de césure, en isolant chaque mot, enlève au vers l'enchaînement et la cadence qu'il doit avoir :

Sparsis | hastis | longis | campus | splendet et ardet. Enn.

Les vers qui n'ont qu'une césure placée au 2ᵈ pied ou au 4ᵉ, sont défectueux pour la même raison.

2° La césure est vicieuse au 5ᵉ pied, et plus encore au 6ᵉ; elle n'est permise au 5ᵉ pied que devant certains mots de 4 syllabes comme *elephantus*, *ululatus*, *hymenæus*, employés ainsi par les bons poètes :

Lamentis, gemituque, et femine|ō ŭlŭ|lātŭ. V.

3° Un monosyllabe long peut tenir lieu de césure, quand il dépend tellement du mot précédent qu'il ne peut en être séparé dans la prononciation :

Duc age, | duc ad | nōs : fas | illi | limina | divum || Tangere. V.
Opprime, | dum *nova* | sŭnt, subi|ti mala | semina | morbi. O.

4° La césure du 2ᵈ pied ou du 4ᵉ suffit, lorsque celle du 3ᵉ est détruite par les enclitiques *quĕ*, *vĕ*, *nĕ*, ou élidée par une particule invariable comme *et*, *ac*, *atque*, *aut*, *ut*, *in*, etc. :

Haud mora, | conver|sīsque fug|āx au|fertur ha|benis. V.
Intonu|ere po|li, et cre|brīs micat | ignibus | æther. V.

5° Les enclitiques *quĕ*, *vĕ*, *nĕ*, ajoutées à une césure, ne la détruisent pas quand elles sont élidées :

Exiit, | opposi|tāsque e|vicit | gurgite | moles. V.

Le Mot final.

146. Le mot final doit être un mot de 2 ou 3 syllabes.
Il faut donc éviter à la fin de l'hexamètre :
1° Les monosyllabes, à moins qu'il n'y en ait deux ;
2° Les mots de 4, 5 ou 6 syllabes, sauf *elephantus, ululatus, hymenœus* (145), et les noms propres, comme *Alphesibœus* :

> Saltantes Satyros imitabitur Alphesibœus. V.

147. REMARQUE. Le verbe *est* précédé d'une élision, et les enclitiques *quĕ, vĕ, nĕ,* finissent bien le vers : *Misēnĕ, lŏcūta ēst* (V.), *terrāmquĕ pŏlūmquĕ* (V.).

Mélange des Pieds.

148. Les dactyles et les spondées doivent être entremêlés ; sans quoi le vers serait ou trop lourd ou trop sautillant :

> Obstŭpŭī, rētrōquĕ pĕdēm cŭm vōcĕ rĕprēssī. V.

149. REMARQUE. Il faut éviter de finir le 4ᵉ pied par une fin de vers ; la cadence en serait brisée, et le vers coupé en deux :

> Ætatis cujūsquĕ nŏtāndī | sŭnt tĭbĭ mōrēs. H.

L'Enjambement.

150. Il y a *enjambement*, lorsque le sens commence dans un vers et finit dans une partie du vers suivant.

L'enjambement doit être très varié ; de plus, il faut que les mots du rejet soient frappants par le sens et le nombre poétique.

Le passage suivant de Virgile peut servir de modèle :

> Vox quoque per lucos vulgo exaudita silentes
> *Ingens;* et simulacra modis pallentia miris
> Visa sub obscurum noctis; pecudesque locutæ,
> *Infandum!* Sistunt amnes, terræque dehiscunt. (G. I, 328...)

L'enjambement relie les vers entre eux, et en bannit les chutes monotones ; il favorise aussi le développement des périodes poétiques ; mais il sert surtout à faire ressortir les mots importants, en les détachant en tête du vers.

L'Élision.

151. Il faut éviter les élisions dans le 5ᵉ pied ou sur le 6ᵉ; de même l'élision des monosyllabes (excepté *se*), surtout au commencement du vers; enfin les élisions suivies d'un repos.

Les élisions suivantes ne doivent pas être imitées :

.... Umbræ resonarent *triste ĕt ăcūtŭm.* H.
Scribendi recte sapere est et *prīncĭpĭum ēt fōns.* H.
Primum *nam* inquiram quid sit furere. *Hōc si ĕrĭt ĭn tē.* H.

152. Remarques. 1° On peut élider *que, ve, ne* au 5ᵉ pied et sur le 6ᵉ; de même un dactyle peut élider sa finale sur une brève dans le 5ᵉ pied : *cereălĭăque ārmă* (V.), *dīmīttĕre ăb ārmīs* (V.).

2° Les élisions les plus douces sont celles d'une voyelle sur elle-même (*a-a, e-e...*) : *flūmĭna ămēm* (V.), *īlle ĕtĭăm* (V.).

1° Vers spondaïque.

153. Quand le 5ᵉ pied de l'hexamètre est un spondée, le vers s'appelle *spondaïque*; dans ce cas, le 4ᵉ pied est toujours un dactyle :

Cara deum soboles, ma*gnŭm Jŏvĭs īncrēmēntŭm.* V.
Constitit, atque oculis Phrygia *āgmĭnă cīrcŭmspēxĭt.* V.

Il ne faut employer le vers spondaïque que rarement, pour produire quelque grand effet.

La finale plus grave des deux spondées convient aux sujets graves; elle peint mieux les grandes douleurs, la stupeur et les angoisses de l'âme.

Vida en a fait un heureux usage, en parlant de la mort de N.-S. :

Supremamque auram, ponens caput, *ēxspīrāvĭt.*

2° Vers hypermètre.

154. Les poètes ajoutent quelquefois à l'hexamètre une syllabe terminée par une voyelle ou par *m* (surtout *quĕ, vĕ*), en l'élidant sur le vers suivant; de là le nom d'*hypermètre* (ὑπέρ-μετρον) :

Sternitur infelix alieno vulnere, cœlum*que*
Aspicit, et dulces moriens reminiscitur Argos. V.

Ces exemples ne sont pas à imiter.

Art. II. — LE VERS PENTAMÈTRE

155. Le vers *pentamètre* (πέντε, μέτρον) est composé de cinq pieds divisés en deux parties : la 1ʳᵉ a deux pieds, dactyles ou spondées, suivis d'une césure ; la 2ᵈᵉ comprend deux dactyles suivis d'une syllabe brève ou longue.

Cette syllabe forme avec la césure le 5ᵉ pied.

$$\overset{1}{T\bar{e}mp\breve{o}r\breve{a}} \mid \overset{2}{s\bar{\imath} \; f\breve{u}\breve{e}} \mid \overset{5}{r\bar{\imath}nt} \; \| \; \overset{3}{n\bar{u}b\breve{\imath}l\breve{a}}, \mid \overset{4}{s\bar{o}l\breve{u}s \; \breve{e}} \mid \overset{5}{r\breve{\imath}s}. \; \text{O.}$$

156. Remarque. On scande aussi le pentamètre de la manière suivante :

Tĕmpŏră | sī fŭĕ|rĭnt nū|bĭlă, sō|lŭs ĕrĭs. O.

Emploi du Pentamètre.

157. Le pentamètre ne s'emploie pas seul ; il est toujours précédé d'un hexamètre : les deux vers réunis s'appellent un *distique* (δίς-στίχος) :

Donec eris felix, multos numerabis amicos ;
Tempora si fuerint nubila, solus eris. O.

Le pentamètre a une harmonie douce et simple qui convient à la douleur et à la joie : de là son nom de vers *élégiaque* ; il se prête aussi à l'épigramme et aux descriptions gracieuses.

Ses règles.

158. Le pentamètre est soumis aux trois règles suivantes :
1° La césure est de rigueur après le 2ᵉ pied ;
2° Le mot final doit être ordinairement un dissyllabe ;
3° L'enjambement sur l'hexamètre suivant est défendu.

Il faut donc, après le pentamètre, un repos de deux points au moins, ou d'un point et virgule.

159. Remarques.

1° La césure peut se faire avec les monosyllabes et les enclitiques ; l'élision dans la seconde moitié du vers est rare (145, 151) :

Nulla tibi sine *mē* gaudia facta, neges. O.
Herculis Antæ*īque* Hesperidumque choros. Prop.

2° On peut terminer quelquefois le pentamètre par un mot de 4, 5 ou 6 syllabes, de même par *est* précédé d'un monosyllabe ou d'une élision ; mais jamais par un mot de trois syllabes :

Utĭtŭr aŭxĭlĭīs (O.); — *Māgnă pŭdīcĭtĭæ* (O.); — *Sŭnt ĭnĭmīcĭtĭæ* (M.).
Et tantum constans in levi*tātĕ sŭa ēst*. O.

Art. III. — LE VERS IAMBIQUE

160. Le vers *iambique*, lorsqu'il est pur, n'est composé que d'iambes; il est de sa nature vif et rapide.

Pour lui donner une cadence plus grave et plus ferme, on y a introduit le spondée.

On distingue les vers iambiques par le nombre de leurs pieds.

Iambique trimètre ou senaire.

161. Le vers *iambique* par excellence est le *trimètre* ou *senaire*, ainsi appelé parce qu'il a six pieds, qui forment trois *dipodies* (mesures de deux pieds) :

Bĕā|tŭs ĭl|lĕ quī | prŏcŭl || nĕgō|tĭīs. H.

On emploie le trimètre dans la comédie et dans la tragédie; Archiloque, qui en est l'inventeur, s'en est servi dans ses satires, et Horace dans ses odes.

162. Règles.

1° Le trimètre admet le spondée aux pieds impairs; de plus, au 1ᵉʳ pied, le dactyle, l'anapeste et le tribraque; au 2ᵉ pied et au 4ᵉ, le tribraque; au 3ᵉ, le dactyle; au 5ᵉ, l'anapeste :

O mā|gnă vā|stī Crē|tă dŏmĭ|nātrīx | frĕtī. Sen.

2° Au 3ᵉ pied, il faut une césure qui peut être brève.

3° Le mot final doit être un dissyllabe; quelquefois c'est un mot de 3 syllabes, mais précédé d'une élision.

4° Les rejets sont permis.

163. Remarques.

1° Le trimètre dramatique n'a au 5ᵉ pied que le spondée ou l'anapeste.

2° On appelle *scazon* ou *choliambe* (σκάζων, χωλός, *boiteux*), un trimètre terminé par un iambe et un spondée; ce vers est fréquent dans Catulle et Martial :

Si non | moles|tum est, te|que non | pĭgēt, | scāzōn. M.

3° L'*iambique libre*, employé par les anciens tragiques, par Phèdre, Varron, Plaute et Térence, n'exige l'iambe qu'au 6ᵉ pied.

4° Le trimètre est *catalectique*, quand il a une syllabe de moins; *hypercatalectique*, quand il a une syllabe de trop :

Mĕā | rĕnī|dĕt ĭn | dŏmō | lăcŭ|nār. H.
Sŭmmās | ŏpēs | quī rē|gūm rē|gĭās | rĕfrē|gĭt. Næv.

Iambique dimètre, monomètre.

164. — 1° Le *dimètre* suit les règles du trimètre :

Ut pris|că gēns | mōrtā|lĭūm. H.

Horace le joint toujours à un autre mètre ; Sénèque l'emploie aussi seul ; les poètes chrétiens en font souvent des strophes de quatre vers :

Salvete, flores martyrum,
Quos lucis ipso in limine ;
Christi insecutor sustulit,
Ceu turbo nascentes rosas.

Le dimètre catalectique s'appelle aussi *anacréontique* :

Vŭltūs | cĭtā|tŭs ī|rā. Sen.

2° L'iambique *monomètre* est rare ; il est aussi hypercatalectique :

Bŏnūs | bĕā|tŭs. Aug.

Art. IV. — VERS ALCAÏQUE

165. Le vers *alcaïque* (inventé par Alcée) a quatre pieds et demi, à savoir un spondée, un iambe suivi d'une césure, et deux dactyles :

Jūstum ēt | tĕnā|cēm || prōpŏsĭ|tī vĭrūm. H.

166. Remarques. 1° Le 1ᵉʳ pied est quelquefois un iambe.

2° Le vers alcaïque est très harmonieux ; Horace l'emploie souvent dans ses odes, mais toujours en strophes.

Strophe alcaïque.

167. La strophe alcaïque comprend quatre vers ainsi rangés : deux alcaïques, un dimètre hypercatalectique, et un tétramètre dactylico-trochaïque :

Jūstum ēt | tĕnā|cēm | prōpŏsĭ|tī vĭrūm
Nōn cī|vĭum ār|dōr | prāvă jŭ|bēntĭūm,
Nōn vūl|tŭs īn|stāntīs | tўrān|nī,
Mēntĕ quă|tĭt sŏlĭd|ā nĕque | Aūstĕr. H.

168. Remarque. L'élision ne doit pas se faire d'un vers à l'autre ; mais l'enjambement est permis entre les strophes.

Art. V. — VERS ASCLÉPIADE, GLYCONIQUE ET PHÉRÉCRATIEN

169. Le vers *asclépiade* a quatre pieds et demi, à savoir un spondée, un dactyle suivi d'une césure, et deux dactyles :

Mācē|nās, ătă|vīs ǁ ēdĭtĕ | rēgĭbŭs. H.

L'asclépiade diffère de l'alcaïque par le 2ᵈ pied, où l'iambe est remplacé par un dactyle.

Le vers *glyconique* comprend un spondée et deux dactyles :

Aūdāx | ōmnĭă | pērpĕtī. H.

Le vers *phérécratien* comprend un dactyle placé entre deux spondées :

Mūltō | nōn sĭnĕ | rīsū. H.

170. Remarques.

1º Le vers asclépiade aime les rejets; la césure y rime assez souvent avec la fin du vers.

2º On peut l'employer seul, ou combiné en strophe avec le glyconique et le phérécratien, ou alternant avec le glyconique.

3º On appelle *grand asclépiade*, un asclépiade où s'intercale, après la césure, un dactyle suivi d'une autre césure :

Nūllām, | Vărĕ, să|crā ǁ vĭtĕ prĭ|ŭs ǁ sēvĕrĭs | ārbŏrēm. H.

Strophe asclépiade.

171. La strophe asclépiade peut comprendre trois vers asclépiades suivis d'un glyconique, ou bien deux asclépiades, suivis d'un phérécratien et d'un glyconique :

> Quis desiderio sit pudor aut modus
> Tam cari capitis? Præcipe lugubres
> Cantus, Melpomene, cui liquidam Pater
>   Vocem cum cithara dedit. H.

> O navis, referent in mare te novi
> Fluctus! O quid agis? fortiter occupa
>   Portum. Nonne vides ut
>   Nudum remigio latus? H.

Art. VI. — VERS SAPHIQUE ET ADONIQUE

172. Le vers *saphique* (de Sapho) a cinq pieds : le 1ᵉʳ est un trochée, le 2ᵈ un spondée, le 3ᵉ un dactyle, et les deux derniers des trochées ; il exige une césure au 3ᵉ pied :

   Intĕ|gĕr vī|tæ scĕlĕ|rīsquĕ | pŭrŭs. H.

Le vers *adonique* est composé d'un dactyle et d'un spondée :

   Ŏcĭōr | Eŭrō. H.

173. Remarque. Ces vers s'emploient presque toujours en strophes.

Strophe saphique.

174. La strophe saphique comprend trois saphiques et un adonique ; c'est une des plus gracieuses :

  Jam satis terris nivis atque diræ
  Grandinis misit Pater, et rubente
  Dextera sacras jaculatus arces,
   Terruit Urbem. H.

Art. VII. — De quelques autres vers.

175. Le vers *phaleuce* (ou *phalécien* ou *hendécasyllabe*) a 5 pieds : 1° un spondée, 2° un dactyle, 3° trois trochées.

   Cōmmĕn|dō tĭbĭ, | Quīntĭ|ānĕ, | nōstrōs. M.

Catulle le commence assez souvent par un iambe :

   Ădē|stĕ, hĕndĕcă|syllă|bĭ quŏt | ēstĭs. Cat.

176. Le vers *anapestique* admet le dactyle aux pieds impairs, et le spondée partout ; on évite l'anapeste après le dactyle.

Ce vers est ordinairement monomètre ou dimètre ; le dimètre est coupé après la 1ʳᵉ dipodie :

   Lĕvĭō|rĕ mănŭ. Sen.
   Aūdāx | nĭmĭŭm || quī frĕtā | prīmŭs. Sen.

177. Le vers *trochaïque* ou *choraïque*, composé de trochées, est monomètre, dimètre, trimètre ou tétramètre :

Dimètre catalectique. . *Trūdĭ|tŭr dĭ|ēs dĭ|ē.* H.
Dactylico-trochaïque. . *Pōst ĕquĭ|tĕm sĕdĕt | ātră | cūră.* H.

178. L'*archiloquien* a deux dactyles, plus une syllabe :

   Pŭlvĭs ĕt | ŭmbră sŭ|mŭs. H.

Tétramètre : *Ibĭmŭs, | ō sŏcĭ|ī cŏmĭ|tēsquĕ.* H.
Grand archiloquien :

Sōlvĭtŭr | ācrĭs hĭ|ēms grā|tā vĭcĕ || vērĭs | ĕt Fă|vōnī. H.

CHAPITRE DEUXIÈME

SECOURS DE LA VERSIFICATION

179. Les principaux secours de la versification sont les équivalents et les synonymes.

Équivalents.

180. On appelle *équivalents*, les différentes formes ou constructions qu'un mot peut admettre sans changer de sens.

Il y a les équivalents de *forme*, de *syntaxe* et de *tournure*.

181. — Équivalents de forme.

feli-ci ou *cĕ*,	*aud-īvī* ou *iī*,	*ferv-ēre* ou *ĕre*,
du-ōs ou *duŏ*,	*ĕd-ĭs* ou *ēs*,	*joc-us*, *i* ou *ă*,
quibŭs ou *queīs*,	*lic-ŭĭt* ou *ĭtum ēst*,	*potent-ĭŭm* ou *ŭm*,
fu-ērŭnt ou *ērĕ*,	*comet-ă* ou *ēs*,	*lav-ārĕ* ou *ĕrĕ*,
am-āvīstī ou *āstī*,	*hero-ĕm* ou *ă*,	*aspect-ŭĭ* ou *ŭ* (arch.), etc.

182. — Équivalents de syntaxe.

turba ruit ou *ruunt*,	*tremit artubus* ou *artus*,
similis patr-is ou *patr-i*,	*ad pugnandum* ou *pugnare paratus*,
front-e ou *front-em lætus*,	*plus trecentis* ou *trecenti*, etc.

183. Remarques.

Les poètes peuvent employer, comme en grec :

1° Le génitif de cause, de matière, de partie ou d'instrument : *Fessi rerum* (V.), *dubius animi* (V.), *trunca pedum* (V.), *felix cerebri*, *læta laborum*, etc.

2° Le génitif après *desino*, *regno*, etc. : *desine querelarum* (H.);

3° Le datif au lieu de *in* ou *ad* : *it clamor cœlo* (V.);

4° *Triste lupus stabulis* (V.), *tibi certet* (V.), *celer sequi* (H.), *neque cernitur ulli* (V.), etc.

184. — **Équivalents de tournure.**

1° Le pluriel pour le singulier, et réciproquement; le singulier donne de la vivacité; le pluriel, de l'ampleur :

... Uterumque armato *milite* complent. V.
... Hæret *pede pes*, densusque *viro vir*. V.
... Et patrios fœdasti sanguine *vultus*. V.

2° L'adjectif ou le verbe pour le substantif, et réciproquement; de même l'adjectif pour l'adverbe (surtout en *e, o*) :

Ter *patriæ* cecidere manus.... V.
.... Notos *pueri* puer indue vultus. V.
Dux ego vester eram. V. — Solvite vela *citi*. V.

3° Le parfait pour le présent, et réciproquement :

Terra tremit, *fugere feræ*, et mortalia corda.... V.

4° L'infinitif pour les autres modes :

Nos pavidi *trepidare* metu.... V.
Sed si tantus amor casus *cognoscere* nostros. V.

Synonymes.

185. Comme les synonymes rendent la même idée avec des nuances diverses, il faut choisir celui qui convient le mieux aux circonstances, en conservant à chaque synonyme la nuance qui lui est propre. Ex. :

Mille *greges* illi, totidemque *armenta* per herbas. O.
Gens illi triplex, *populi* sub *gente* quaterni. V.
Stat *sonipes*, ac frena ferox spumantia mandit. V.
Tollit se arrectum *quadrupes*, et calcibus auras
Verberat. V.

Les synonymes les plus élégants sont ceux qui renferment une image. Par ex., au lieu de *sum* :

Tela *sonant* humeris. V.
Carduus et spinis *surgit* paliurus acutis. V.
Incultisque rubens *pendebit* sentibus uva. V.
Ast ego, quæ divum *incedo* regina. V.

186. Remarque. Aux synonymes se rattachent les patronymiques; l'emploi de ces noms est très fréquent en poésie; car ils contribuent beaucoup à la variété et à l'élégance du style (V. App. IV.) :

Pelides utinam vitasset Apollinis arcus! O.
Quis genus *Æneadum*, quis Trojæ nesciat urbem? V.

CHAPITRE TROISIÈME

ÉLÉGANCE DU VERS

187. L'élégance du vers provient d'abord de certains ornements de style, comme l'épithète, l'apposition, la périphrase, la comparaison, les figures; ensuite de la variété des coupes, et de l'harmonie.

1° L'Épithète.

188. L'*épithète* est un adjectif ajouté à un nom, pour donner plus de grâce ou de force à la pensée.

L'épithète n'est pas un mot nécessaire; mais elle ne doit pas être un mot inutile.

Pour être un ornement, elle doit répondre non seulement à la nature des choses, mais encore et surtout aux circonstances et au caractère des personnes.

Deux espèces.

189. Les épithètes tirées de la *nature des choses* conviennent particulièrement aux descriptions :

> Flavaque de *viridi* stillabant ilice mella. O.
> Hic ver *purpureum;* varios hic flumina circum
> Fundit humus flores ; hic *candida* populus antro
> Imminet, et *lentæ* texunt umbracula vites. V.
> .... Ferit *aurea* sidera clamor. V.

En dehors de la description, les épithètes sont généralement tirées des *circonstances;* les plus belles sont celles qui font image ou qui donnent du sentiment à l'expression :

> .... Splendet *tremulo* sub lumine pontus. V.
> Ibant *obscuri sola* sub nocte per umbram. V.
> Arma diu senior *desueta trementibus* ævo
> Circumdat nequidquam humeris, et *inutile* ferrum
> Cingitur, ac *densos* fertur *moriturus* in hostes. V.

190. REMARQUES.

1° On accumule quelquefois les épithètes, pour mieux peindre l'objet :
Monstrum *horrendum, informe, ingens*; cui lumen ademptum. V.

2° L'épithète précède ordinairement son substantif, à moins qu'elle n'ait une énergie particulière; le verbe se place élégamment entre les deux :
..... Ponto nox incubat *atra*. V.
Navem in conspectu *nullam*.... V.
Nos patriæ fines, et *dulcia* linquimus *arva*. V.

2° L'Apposition.

191. L'*apposition*, sous une forme très concise, fait d'un 2ᵈ substantif, l'attribut du 1ᵉʳ; elle ajoute beaucoup à l'élégance du vers par la grâce ou la vigueur du coup de pinceau :
Nec tamen interea raucæ, *tua cura*, palumbes. V.
Et geminas, *causam lacrymis*, sacraverat aras. V.
Effodiuntur opes, *irritamenta malorum*. O.
Aut geminos, *duo fulmina belli*, — Scipiadas. V.

192. REMARQUE. Le substantif, mis en apposition, doit toujours être accompagné d'un adjectif ou d'un régime.

3° La Périphrase.

193. La *périphrase* sert à donner à la pensée une forme plus noble, plus riche ou plus délicate.

Elle est particulièrement belle, quand elle met en relief des détails cachés, ou qu'elle peint l'objet dans une vive image, dans un tableau gracieux. — Ex. :

L'aigle. . . . *Jovis armiger, — fulminis ales.* V.
La toupie. . . *Volubile buxum.* V.
L'orange. . . *Aurum volubile.* O.
Le nid. . . . *Et luteum celsa sub trabe fingit opus.* O.
L'écho. . . . . *Aut ubi concava pulsu*
Saxa sonant, vocisque offensa resultat imago. V.
La mort. . . *Sin aliquem infandum casum, fortuna, minaris.* V.
Le matin. . *Luce nova; — sole novo, — solis ad ortus...* V.
Le soir. . . *Et jam summa procul villarum culmina fumant,*
Majoresque cadunt altis de montibus umbræ. V.
Le printemps. *Hoc geritur, zephyris primum impellentibus undas,*
Ante novis rubeant quam prata coloribus, ante
Garrula quam tignis nidum suspendat hirundo. V.

194. REMARQUE. La périphrase convient surtout au genre descriptif et aux sujets gracieux.

4° La Comparaison.

195. La *comparaison* embellit les vers, en même temps qu'elle sert à développer le sujet.

Pour peindre la douleur d'Orphée pleurant Eurydice, Virgile emploie la comparaison du rossignol privé de ses petits :

> Qualis populea mœrens *Philomela* sub umbra,
> Amissos queritur fetus, quos durus arator
> Observans nido implumes detraxit; at illa
> Flet noctem, ramoque sedens, miserabile carmen
> Integrat, et mœstis late loca questibus implet. V.

Ailleurs, la comparaison tirée d'une fleur qui tombe, donne un charme touchant au récit de la mort du jeune Euryale :

> Purpureus *veluti quum flos* succisus aratro
> Languescit moriens, lassove *papavera* collo
> Demisere caput, pluvia quum forte gravantur. V.

5° Figures de style.

196. Nous renvoyons pour les figures de style aux traités de littérature ; quelques exemples suffiront ici.

Métaphore. Omnia nunc *rident* (V.); *ridet* ager (V.).
Vivis gaudebat digitos *incendere* gemmis. St.
Aret ager, *vitio moriens sitit* aeris herba. V.
Indomitique Dahæ, et pontem *indignatus* Araxes. V.

Synecdoque. Aut *Ararim* Parthus bibet, aut Germania *Tigrim*. V.
Non anni domuere decem, non mille *carinæ*. V.
Ut *gemma* bibat, et Sarrano dormiat ostro. V.

Métonymie. Tres adeo incertos *soles* erramus.... V.
Et pleno se proluit *auro*. V.
Neque habebat Pelion *umbras*. O.

Répétition. *Me, me,* adsum qui feci; in *me* convertite ferrum. V.
Te, dulcis conjux, *te,* solo in littore secum,
Te, veniente die, *te,* decedente, canebat. V.
Sic oculos, *sic* ille manus, *sic* ora ferebat. V.
Ad cœlum tollens ardentia *lumina* frustra,
Lumina, nam teneras arcebant vincula palmas. V.
Quum procul obscuros colles humilemque videmus
Italiam : Italiam primus conclamat Achates;
Italiam læto socii clamore salutant. V.

Apostrophe. Et si fata deum, si mens non læva fuisset,
*Troja*que nunc stares, Priamique *arx alta*, maneres. V.

6° **Coupes** ou **Repos**.

197. Les *coupes* du vers sont déterminées par les *repos* de la pensée : elles produisent différents effets, suivant leur place dans le vers.

Nous nous occuperons spécialement de l'hexamètre.

1° Quand le vers se développe tout entier et finit par un repos, la pensée se déploie avec beaucoup de grandeur et de force :

>Tu regere imperio populos, Romane, memento. V.
>Tantæ molis erat Romanam condere gentem ! V.
>Annuit, et totum nutu tremefecit Olympum. V.
>Urbs antiqua ruit, multos dominata per annos. V.
>Discite justitiam moniti, et non temnere divos. V.
>Impiaque æternam timuerunt sæcula noctem. V.
>Tu ne cede malis, sed contra audentior ito. V.
>Exoriare aliquis nostris ex ossibus ultor. V.

2° La coupe, dans les deux premiers pieds ou après le 2ᵈ, met en saillie le mot, ou la pensée, ou l'image qu'on veut faire ressortir :

>Quum Proteus, consueta petens e fluctibus antra,
>Ibat : eum vasti circum gens humida ponti
>*Exultat.* V.
>*Sternitur*, et dulces moriens reminiscitur Argos. V.
>Degeneremque Neoptolemum narrare memento :
>*Nunc morere.* V.
>At me tum primum sævus circumstetit horror;
>*Obstupui.* V.
>Non alias cœlo ceciderunt plura sereno
>*Fulgura.* V.
>....... Ferro rumpenda per hostes
>*Est via.* V.
>Tiro rudis, specta pœnas et disce ferire,
>*Disce mori.* Luc.

REMARQUE. Quand la coupe se fait sur un dissyllabe formant un pyrrhique, elle imite parfaitement l'effet brusque d'une chute, ou d'un coup subit :

>Ipsius ante oculos ingens a vertice pontus
>In puppim *fĕrĭt :* excutitur, pronusque magister
>Volvitur in *căpŭt.* V.
>Hæc ubi dicta, cavum conversa cuspide montem
>Impulit in *lătŭs.* V.

3° Le repos complet au milieu du 3ᵉ pied est grave et nombreux ; il convient surtout à ces pensées vives et soudaines qu'on appelle *traits* :

> . . . . . Sedet, æternumque sedebit
> *Infelix Theseus.* V.
> *Quo non livor abit?* O.
> . . . . . Quid non mortalia pectora cogis,
> *Auri sacra fames?* V.
> . . . . . Famam extendere factis,
> *Hoc virtutis opus.* V.

4° Le repos au milieu du 4ᵉ pied est de tous le plus saisissant et le plus solennel :

> *Hi summo in fluctu pendent.....* V.
> *Scire mori sors prima viris.....* Luc.
> *Quid labor aut benefacta juvant?....* V.
> His ego nec metas rerum, nec tempora pono ;
> *Imperium sine fine dedi.....* V.
> Inter opus monitusque genæ maduere seniles,
> *Et patriæ cecidere manus.....* O.

5° Coupé à la fin du 4ᵉ pied par un dissyllabe de deux brèves, le vers présente un arrêt brusque et imprévu qui fait toujours un grand effet :

> Terra tremit, fugere feræ, et mortalia corda
> *Per gentes humilis stravit păvŏr :* ille flagranti... V.
> Inde ubi clara dedit sonitum *tŭbă*, finibus omnes.... V.

6° Une coupe au milieu du 5ᵉ pied tient le lecteur en haleine et excite l'intérêt :

> Æneas scopulum interea *conscendit*, et omnem
> Prospectum late pelago petit. V.
> Finem animæ quæ res humanis miscuit olim,
> Non gladii, non saxa dabunt, non *tela*; sed ille
> Cannarum vindex, ac tanti sanguinis ultor
> Annulus. Juv.

7° Deux ou plusieurs coupes au milieu du vers expriment l'abattement, la langueur, la douleur :

> Labitur infelix *studiorum*, atque immemor herbæ
> Victor *equus :* fontesque *avertitur;* et pede terram
> Crebra *ferit;* demissæ *aures;* incertus ibidem
> *Sudor*, et ille quidem morituris *frigidus;* aret
> *Pellis*, et ad tactum tractanti dura resistit. V.

7° L'Harmonie.

I. HARMONIE MÉTRIQUE

198. L'*harmonie métrique* résulte des sons et de la cadence.

Choix des sons.

199. Pour plaire à l'oreille, les sons doivent être variés et doux. Il faut donc éviter :

1° Le concours de deux ou plusieurs consonnances pareilles : *pulchras rosas amas* ;

2° Le concours de plusieurs monosyllabes : *si quis quid* ;

3° La rime à la fin de deux vers consécutifs, terminés chacun par un repos ; ou la rime de la césure avec la fin du vers, excepté entre un adjectif et son substantif (vers *léonins*) :

Agricola incurvo terram molitus aratro. V.

Cadence.

200. On appelle *cadence*, la marche harmonieuse du vers.

La cadence doit être variée et nombreuse : la *variété* dépend en grande partie des coupes et des rejets ; le *nombre* réside principalement dans la période poétique.

201. RÈGLES.

I. — Les meilleures coupes sont celles que produisent les rejets plus ou moins longs.

II. — Les vers doivent tantôt finir avec le sens, tantôt se succéder par groupes de deux, de trois, de quatre et de cinq.

III. — La chute d'une période doit comprendre un vers, ou un vers et demi.

Le récit de la mort de Laocoon servira de commentaire.

Laocoon, — ductus Neptuno sorte sacerdos, — Solemnes taurum ingentem mactabat ad aras. —	2 vers.
Ecce autem gemini a Tenedo, — tranquilla per alta, — Horresco referens, — immensis orbibus angues Incumbunt pelago, — pariterque ad littora tendunt : — Pectora quorum inter fluctus arrecta, — jubæque Sanguineæ exsuperant undas ; — pars cætera pontum Pone legit, — sinuatque immensa volumine terga. —	6 vers.
Fit sonitus spumante salo ; — jamque arva tenebant Ardentesque oculos suffecti sanguine et igni, — Sibila lambebant linguis vibrantibus ora. —	3 vers.
Diffugimus visu exsangues. — Illi.... *etc.*	1/2 vers.

II. HARMONIE IMITATIVE

202. L'harmonie imitative consiste à peindre les objets par les sons des mots, et par la cadence du vers.

1° Par les Sons.

203. Voyelles. — *A* répété plusieurs fois donne au vers de la douceur, et quelquefois de la majesté (surtout *ā*) :

> Mixta rubent ubi lilia multa — Alba rosa. V.
> Omnia sub magna labentia flumina terra. V.

E répété produit un son triste et sombre :

> Te, veniente die, te, decedente, canebat. V.
> Insonuere cavæ gemitumque dedere cavernæ. V.

I répété donne un son vif, aigu, strident :

> Crebris micat ignibus æther. V.
> At tuba terrificis fregit stridoribus auras. Sil.

O répété produit une harmonie grave, éclatante :

> Olli sedato respondit corde Latinus. V.
> Clamores simul horrendos ad sidera tollit. V.

U (*ou*) répété produit un bruit sourd et lugubre :

> Per noctem resonare lupis ululantibus urbes. V.
> Quantos ille virum magnam Mavortis ad urbem
> Campus aget gemitus! V.

204. Consonnes. — Les consonnes *l, m, n, r, f, v*, placées entre deux voyelles, rendent le vers doux et coulant :

> Devenere locos lætos et amœna vireta. V.

S répété reproduit tantôt le souffle des zéphyrs, tantôt le sifflement des serpents :

> Placidique tepentibus auris
> Mulcebant Zephyri natos sine semine flores. O.
> Sibila lambebant linguis vibrantibus ora. V.

Le concours dur des consonnes *r, s, t, c, q, x*, sert à rendre ce qui est pénible, les efforts, le bruit, le fracas :

> Ergo ægre rastris terram rimantur, et ipsis
> Unguibus infodiunt fruges; montesque per altos
> Contenta cervice trahunt stridentia plaustra. V.
> Aret — Pellis et ad tactum tractanti dura resistit. V.
> Tum ferri rigor, atque argutæ lamina serræ. V.
> Tam multa in tectis crepitans salit horrida grando. V.
> Horrificis juxta tonat Ætna ruinis. V.

2° **Par la Cadence du vers.**

205. La cadence du vers est *légère* ou *grave*, suivant le nombre de dactyles ou de spondées qu'il renferme.

1° Les *dactyles* multipliés sont propres à exprimer la légèreté, la rapidité, la précipitation, les vifs transports de la joie, les mouvements impétueux de la colère :

Légèreté. . . Radit iter liquidum, celeres neque commovet alas. V.
Rapidité. Quadrupedumque putrem sonitu quatit ungula campum. V.
  Inde ubi clara dedit sonitum tuba, finibus omnes,
  Haud mora, prosiluere suis : ferit æthera clamor. V.
Précipitation. Vade age, nate, voca Zephyros, et labere pennis. V.
Joie. . . . Ergo alacris silvas et cætera rura voluptas
  Panaque pastoresque tenet, Dryadasque puellas. V.
Colère. . . Ferte citi flammas, date vela, impellite remos. V.

2° Les *spondées* multipliés sont propres à exprimer la lenteur, la difficulté, le calme, la majesté, la tristesse, la douleur :

Lenteur. . .   It tristis arator
  Mœrentem abjungens fraterna morte juvencum. V.
Difficulté. . Illi inter sese multa vi brachia tollunt
  In numerum, versantque tenaci forcipe ferrum. V.
Calme. . . Vultu quo cœlum tempestatesque serenat. V.
Majesté. . . Ast ego, quæ divum incedo regina... V.
Tristesse . . Amissum Anchisen flebant, cunctæque profundum
  Pontum adspectabant flentes. V.
Douleur. . . Exstinctum Nymphæ crudeli funere Daphnim
  Flebant. V.

206. REMARQUE. Les mots courts et brefs conviennent aux objets petits, légers, rapides ; les mots longs et graves, aux objets vastes, grands, majestueux, lugubres :

  Hæc ubi dicta
Agrestem pepulere, *domo levis exsilit* (mus). H.
Luctantes ventos *tempestatesque* sonoras. V.
Grandiaque effossis *mirabitur* ossa sepulcris. V.
Tot quondam populis terrisque superbum
Regnatorem terræ. V.
Ut regem æquævum crudeli vulnere vidi
Vitam *exhalantem*. V.

207. REMARQUE

sur les moyens de développer une pensée.

Pour développer heureusement une pensée, il faut recourir surtout à l'imagination et à la sensibilité.

Ces deux facultés fournissent à la poésie ce qu'elle aime le plus : les images vives ou gracieuses, et les expressions fortes ou touchantes.

Un moyen très simple et très efficace, pour les commençants, c'est d'employer à propos, en s'inspirant des circonstances, les différents ornements dont nous venons de parler : l'épithète, l'apposition, la périphrase, la comparaison et les figures de style.

C'est par là que les pensées les plus communes prennent, sous la plume des poètes, une forme si riche et si frappante. Par exemple :

Primo mane :
    Jamque rubescebat stellis Aurora fugatis. V.
Resonat tonitru :
    Obscuro resonant commota tonitrua cœlo. SIL.
Lana non imbuetur coloribus :
    Nec varios discet mentiri lana colores. V.
Ite, meæ capellæ, vos jam non videbo :
    Ite, meæ, felix quondam pecus, ite, capellæ;
    Non ego vos posthac, viridi projectus in antro,
    Dumosa pendere procul de rupe videbo. V.
Uno bove demortuo, alterum arator abjungit :
            It tristis arator
    Mœrentem abjungens fraterna morte juvencum. V.
Clamorem tollit Polyphemus, quo tremuere mare, Italia Ætnaque
    Clamorem tollit immensum, quo pontus et omnes
    Intremuere undæ, penitusque exterrita tellus
    Italiæ, curvisque immugiit Ætna cavernis. V.

206. APPENDICE I. — LISTE DES RADICAUX

les plus importants dont la quantité n'est pas déterminée par les règles.

A

ăc-eo, ies, us	ăg-er	ăm-ĭcio	ăp-ex	ār-a	ăt-er
ăc-er, *n.*	ăg-o	ăm-o	ăp-is	ăr-anea	ătr-ium
ăc-er, *adj.*	āl-a	ăm-œnus	ăp-ium	ār-ea	ătr-ox
ăc-ervus	āl-ea	ăn-as	ăp-(o), iscor	ăr-ena	ăv-ena
ăd-eps	āl-ius	ăn-ĭm-a, us	ăp-ud	ār-eo	ăv-eo, arus
ăd-or	āl-o, esco	ăn-us, *f.*	ăqu-a	ăr-undo	ăv-us
ā-er	ăm-arus	ăp-er	ăqu-ĭla	ăs-inus	ăv-is

B

băc-ulum	bĭb-o	blăt-io, ero	bŏr-eas	brĕv-is	bŭb-o
băl-o	bĭl-is	bŏn-us ⎫	brāc-a	brŭm-a	bŭr-is
băs-ium	bĭt-umen	bĕn-e ⎭	brăch-ium	brŭt-us	

C

căch-inno	căn-o	căt-īnus	cĭc-uta	cōg-o, ito	cŏr-ona
căc-umen	căn-us	căt-us, ulus	cĭl-ium	cŏl-o	cŏr-usco
căd-āver	căp-er	căv-eo	cĭn-is	cŏl-or	cŏr-ўlus
căd-o	căp-illus	căv-illa	cĭth-ăra	cŏl-ŭber	cŏth-urnus
căd-us	căp-io	căv-us	cĭt-us (cieo)	cŏl-um	cŏt-urnix
căl-ămus	căp-istrum	cĕd-o	cĭt-er	cŏl-umba	crābr-o
căl-ăthus	căp-o	cĕd-o, *dis.*	cĭtr-um	cŏl-umna	crăp-ula
căl-eo	căp-ulus	cĕl-ĕber	clād-es	cŏl-us	crāt-er, ēra
căl-ĭga	căp-ut	cĕl-er	clăm-o	cŏm-a	crăt-es
căl-igo	căr-eo	cĕl-o	clār-us	cōm-icus	crĕb-er
căl-ix	căr-ies	cēr-a	clāv-a	cōm-is	crēd-o
căl-(o)endæ	căr-ina	cĕr-ĕbrum	clāv-is	cōm-issor	crĕm-o
căl-o, *m.*	căr-o	Cĕr-es	clāv-us	cōm-o	crĕp-o
căm-ena	căr-us	chŏr-us	clēm-ens	cōp-a	crēt-a
căm-ĕra	căs-a	cĭb-us	clĕp-o	cōp-ia	crībr-um
căm-īnus	căs-eus	cĭc-āda	clīn-o	cōp-ula	crīn-is
căn-alis	căs-ia	cĭc-atrix	clĭp-eus	cŏqu-o	crŏc-us
căn-is	căt-ena	cĭc-er	clŭn-is	cŏr-am	crūd-us
căn-istrum	căt-erva	cĭc-onia	cōd-ex	cŏr-ium	cŭb-o

A : ăl-ăpa, ăl-auda, ăm-ĭta, ăm-ussis, an-cŏra; de ăperio, ăprīcus, ăprīlis.
B : de βοῦς, bōs, bŏvis, bŭb-īle, bŭb-ulcus, bŭb-ŭlus, būc-ŭla, būc-olicus.
C : de clīn-o, acclīnis, inclīnis, reclīnis; cŏm-es (*cum-eo*); crĕp-usculum.

cŭ-cŭm-is	cŭl-ex	cŭn-æ	cŭp-a	cūr-a, ia	cŭt-is
cūd-o	cŭl-ina	cŭn-eus	cŭp-io	Cŭr-es	cÿt-ĭsus
cŭl-eus	cŭm-ulus	cŭn-ĭculus	cŭpr-essus	cūs-o inus.	

D

dăm-a	dēg-o	dĭc-are	dŏc-eo	dŏm-o	dŭb-ius
dĕb-eo	dēl-eo	dĭc-ere	dŏl-eo	dŏm-us	dūc-o
dĕb-ilis	dĕm-o	dĭg-ĭtus	dŏl-ium	dōn-ec	dŭd-um
dĕc-em	dĕm-um	dīr-æ, us	dŏl-o	dōn-um	dŭm-us
dĕc-el, or	dēt-er inus.	dĭt-io	dŏl-us	drăc-o	dŭr-us

E

| ēbr-ius | ēch-o | ĕg-eo | ĕl-ĕmenta | ĕm-o | ĕp-ulæ |
| ĕb-ur | ĕd-o, ēs | ĕg-o | ĕl-ĕph-as | ĕn-im | ĕqu-us |

F

făb-a	făv-eo	fĕr-o	fīn-is	fŏr-us	frĭg-us
fă-ber	făv-illa	fĕr-ula	flăg-ito	fŏv-ea	frŭg-es
făc-io	făv-us	fĕr-us	flăg-ellum	fŏv-eo	frŭt-ex
făg-us	fĕbr-is	fĕt-us	flăgr-o	frăg-a, n. pl.	fūc-us
făm-a	fēl-es	fĕbr-a	flāv-us	frăg-ilis, or	fŭg-a, io
făm-es	fēl-ix	fĭb-ula	flĭg-o	frăgr-o	fŭl-ica
făm-ulus	fĕm-en, ur	fĭc-us	flŭv-ius	frāt-er	fŭl-igo
făn-um	fĕm-ĭna	fĭd-es	fŏc-us	frĕm-o	fūm-us
făr-ina	fĕn-estra	fĭd-is	fŏd-io	frēn-um	fūn-is
făt-eor	fēn-us	fĭg-o	fŏl-ium	frĕqu-ens	fūn-us
făt-ĭgo	fĕr-e	fĭl-ius	fŏm-es	frĕt-um	fūr-o
făt-um	fĕr-iæ	fĭl-um	fŏr-is, f. adv.	frĕt-us	fūs-us
făt-uus	fĕr-io	fĭm-us	fŏr-um	frĭc-o	fŭt-ilis

G

găl-ea, ērus	gĕn-ius	glăc-ies	glūt-en	grăd-us, ior	grŭm-us
gĕl-u	gĕn-u	glăd-ius	glūt-io	grām-en	gŭb-erno
gĕm-ĭni	gĕn-us	glĕb-a	gnār-us	grān-um	gŭl-a
gĕm-o	gĕr-o	glŏb-us	gnāv-us	grăt-us	gÿr-us
gĕn-æ	gĭg-as	glŏm-us	grăc-ilis	grăv-is	
gĕn-er	glăb-er	glōr-ia	grăc-ulus	grĕm-ium	

D : dĕ-lĭciæ de *lacio*; dĭc-ax; dī-*vĭdo*; dŭ-plus, dŭplex.

F : de făr-i, făbula, făcundus...; fĭd-es, fĭd-elis; de *fīd-o*, fīd-us, -ucia; — de *fĭg* (fing-o), fĭg-ulus, fĭg-ura; de *flăg*, flăg-ellum, flăgr-um.

H

hăb-ena	hĕb-eo	hĕr-us	hĭr-udo	hōr-a	hȳdr-a
hăb-eo, ĭto	hĕd-ĕra	hĕr-os	hĭr-undo	hŭm-eo, or	hȳm-en
hāl-o	hĕr-es	hĭl-aris	hŏm-o	hŭm-ĕrus	
hăm-us	hĕr-i	hĭl-um	hŏn-or	hŭm-us	

I — J

ĭb-i	ĭd-us	ĭl-ex	ĭm-ago, itor	ĭm-us	ĭt-a
ĭc-o	ĭg-ĭtur	ĭl-ia	ĭm-o	ĭr-a	ĭt-er

jăc-eo	jān-ua	jŏc-us	jŭb-eo	jŭd-ex	jŭg-um
jăc-io	jĕc-ur	jŭb-a	jŭb-ĭlum	jŭg-is	jŭv-o,enis

L

lăb-ia	lān-a	lăt-us, adj.	lĭb-er, adj.	lĭn-ea	lūbr-icus
lăb-are	lăn-io	lăv-o	lĭb-et	lĭn-o, io	lăcr-um
lăb-or, m.	lăp-is	lĕg-o, ere	lĭb-o	lĭn-um	lŭc-us
lăb-or, i	lăqu-eus	lĕg-o, are	lĭbr-a	lĭq-(linquo)	lūd-us
lăc-er	lăr-es	lĕn-is	lĭc-eo	lĭqu-eo,or,m	lŭg-eo
lăc-ertus	lăt-eo	lĕp-or	lĭc-et	lĭqu-or, i	lūm-en
lăc-ĭnia	lăt-er	lĕp-us	lĭc-ium	lĭr-a,o	lūn-a
lăc-io inus.	lăt-erna	lēt-um	lĭl-ium	lĭt-o	lŭp-us
lăcr-ĭma	lăt-ex	lĕv-ir	lĭm-o	lŏc-us	lŭr-or
lăc-us	lătr-o. m.	lĕv-is	lĭm-en	lŏl-ium	lŭt-um,boue
lām-entor	lătr-o, are	lĕv-is	lĭm-es	lŏqu-or	lŭt-um,herbe
lām-ĭna	lăt-us, n.	lĭb-er, m.	lĭm-us	lōr-um	

M

măc-er	măl-um	măt-urus	mīc-o	mĭt-is	mŭg-io
măc-eria	măl-us, adj.	mĕd-eor	mĭgr-o	mŏd-ius	mŭl-ier
măc-ero	măm-illa	mĕd-ius	mĭl-es	mŏd-us, o	mŭl-us
măch-ĭna	mān-e	mĕd-itor	mĭm-us	mōl-a	mūn-io
măc-ula	mān-eo	mĕm-or	mĭn-a	mōl-es	mūn-us
măd-eo	mān-es	mĕr-eo	mĭn-æ	mŏn-eo	mūr-ex
măg-is	mān-o	mĕr-us	mĭn-ister	mŏr-a	mūs-a
măg-ister	mān-us	mēt-a	mĭn-ium	mŏr-ior	mŭt-ilus
măg-us	măr-e	mĕt-o	mĭn-or,comp	mŏv-eo	mūt-o
māl-a	māt-er	mĕt-uo	mīr-us	mūcr-o	mūt-uus
māl-o	māt-eria	mīc-a	mīs-er	mūc-us	mūt-us

H · hăr-iolus, hăr-uspex; de hŭm-us, hŏm-o, hŭm-anus; de hĭ-ems, hĭb-ernus.
: ind-ŏles (de in-ŏlesco).
M : de mōles, mŏlestus; commĭn-iscor, re-mĭn-iscor (men-s, μέν-ος).

3**

N

năr-is	nĕb-ula	nĭd-us	nŏc-eo	nŭb-es	nŭp-er
năs-us	nĕg-o	nĭm-is	nŏd-us	nŭb-o	nŭr-us
năt-o	nĕm-us	nĭs-i	nŏn-us	nŭd-us	nŭtr-io
năv-is	nĕp-os	nĭt-eo	nŏv-em	nŭg-æ	
năv-o	nĭd-or	nĭt-or, i	nŏv-us	nŭm-ĕrus	

O

ŏc-ulus	ōl-im	ŏn-us	ŏp-us	ŏr-ior	ŏv-o
ŏd-ium	ōl-or	ŏp-ācus	ŏp-us est	ōr-o	ōv-um
ŏl-eo	ōl-us	ŏp-ĭlio	ŏp-ortet	ōt-ium	
ŏl-eum	ōm-en	ŏp-ĭnor	ŏr-a	ŏv-is	

P

păc-iscor	păr-um	pĭg-er	plēn-us	prăv-us	prŭn-um
păg-ĭna	păt-eo	pĭg-et	plēr-us, *arch.*	prĕm-o	prŭr-io
păg-us	păt-er	pĭl-a, *balle*	plĭc-o	prĕt-ium	pŭb-es
păl-a	păt-ĕra	pĭl-a, *mor-*	plōr-o	prĭd-em	pŭbl-icus
păl-atium	păt-ĭna	*tier à piler*	plūm-a	prīm-us	pŭd-et
păl-atum	păv-eo	pĭl-eus	plŭt-eus	prŏb-o	pŭg-il
păl-ea	păv-io	pĭl-um, *pilon*	plŭv-ia	prŏbr-um	pŭg-io
păl-or, ari	păv-o	pĭl-us, *poil*	pōl-io	prŏc-ĕres	pŭl-ex
păl-us, f.	pĕc-us	pĭn-us	pŏm-um	prŏc-o, us	pŭm-ex
păl-us, m.	pĕd-um	pĭp-er	pōn-e	prŏc-ul	pŭn-io
păn-is	pĕn-ātes	pĭp-io	pōn-o ⎫	prō-les	pŭp-us
pă-păv-er	pĕn-es, *ĭtus*	pĭr-um	pŏs-ui ⎭	prōm-o	pŭr-us
păp-ĭlio	pĕn-is	plăc-eo, idus	pŏp-ina	prōn-us	pŭs-us
păp-illa	pĕn-us	plăc-o	pŏpl-es	prŏp-e	pŭt-eo
păr-eo	pĕr-io *inus*	plāg-a, *filet*	pŏp-ulus, m.	prŏpr-ius	pŭt-eus
păr-ies	pĕr-ītus	plāg-a, *coup*	pŏp-ulus, f.	prōr-a	pŭt-o
păr-io	pĕt-o	plān-us	pŏt-is	prŭd-ens	pŭtr-is
păr-o	pĭc-us	plăt-ea	prāt-um	prŭn-a	

Q

quăt-io	quăt-uor	quĕr-or	quid-em	quĭr-is	quŏ-que

N : *nĕc-esse*; — de *nex*, *nĕc-is*, *nĕco*; *nēmo* (39); *nŭto*, fréq. de *nuo*.

O : ob-*lĭquus*; **ob-stĭno** (inus.), ob-*tūro*, oc-*cŭpo*; *ōd-i*; *ŏ-perio*; opp-*ĭd-um*, o.

P : de *per-io*, *ior* (inus.), a-*pĕrio*, com-*pĕrio*, o-*pĕrio*, ex-*pĕrior*, op-*pĕrior*; de *per-sŏno*, *per-sōna*; de *per-vinco*, *per-vĭcax*; de *pĕt-o*, im-*pĕtus*, præ-*pes*, præ-*pĕtis*; de *pŭs-us*, *pŭs-illus*.

Q : *quăttuor* (souvent); *qui-dam*; *quŏn-iam* (quum-jam)

APPENDICE 51

R

răb-ies	răp-um	rēp-o	rĭt-o *inus.*	rŭb-eo	rŭg-a
răc-emus	rār-us	rēs-ina	rĭt-us	rŭb-us	rŭg-io
răd-ius	răt-is	rēt-e	rōb-ur	rŭd-ens	rŭm-(en)ino
răd-ix	răv-is	rĭd-eŏ	rōd-o	rŭd-is, *adj.*	rŭm-or
răd-o	rĕ-cens	rĭg-eo	rŏg-o	rŭd-is, *f.*	rŭp-es
răm-us	rĕg-o, io	rĭg-o	rŏg-us	rŭd-o, ere	rŭt-ĭlus
răn-a	rēm-us	rīm-a	rŏs-a	rŭd-us, *n*	
răp-io	rĕ-pens	rīp-a	rŏt-a	rūf-us	

S

săc-er	scŏp-ulus	sēr-us	sĭt-ula	spīc-a	străb-o
săg-ax	scrīb-o	sēt-a	sĭt-us	spīn-a	străg-es
săg-ina	scrŭp-us	sĕv-ērus	sōbr-ius	spīr-a	strēn-uus
săg-itta	scrūt-a, or	sĭb-ĭlus	sŏc-er	spīr-o	strĕp-o
săg-us	scŭt-um	sīc-a	sŏc-ius	spŏl-ium	strĭd-eo
săl-io	sĕc-o	sīd-o	sŏd-alis	spūm-a	strĭg-ĭlis
săl-iva	sĕd-eo	sīd-us	sōl-ea	spŭr-ius	stŭd-eo
săl-ix	sĕd-o, are	sĭg-illum	sōl-eo	squāl-eo	stŭp-eo
săl-us	sĕd-ulus	sĭl-eo	sōl-ers	squām-a	suād-eo
săn-ies	sĕg-es	sĭl-er	sōl-idus	stăd-ium	suāv-is
săn-us	sĕm-el	sĭl-ex	sōl-ium	stăt-im,us)	sŭb-er
săp-io, or	sĕm-is	sĭl-ĭqua	sōl-or	stăt-ua,uo)	sŭd-es, *f.*
săt-elles	sēm-ĭta	sĭm-ĭlis	sōl-um	stăt-era	sūd-o
săt-is, ur	sĕn-ex	sĭm-ius	sōl-us	stēr-ĭlis	sūd-us
scăb-er, o	sĕp-ĕlio	sĭm-ul	sŏn-o	stĭl-us	sŭg-o
scăl-æ	sēp-es	sīm-us	sŏp-or	stĭm-ulus	sūm-o
scăp-ulæ	sĕqu-or	sĭn-e	sŏr-ex	stīp-es	sŭp-ellex
scăt-eo	sĕr-a	sĭn-ister	sŏr-or	stīp-o	sŭp-er,-bus
scĕl-us	sĕr-ius	sĭn-o	spăt-ium	stĭp-ula	sŭp-inus
scēn-a	sĕr-o, semer	sĭn-us	spĕc-io *inus.*	stŏl-a	săpr-a
schŏl-a	sĕr-o,*lier*,ies	sĭs-er	spĕc-us	stŏl-idus	sūr-a
scŏp-æ	sĕr-um	sĭt-is	spēr-o	stŏm-achus	

R : de *rĕg-o*, *rĕg-io*, imen; de *rex*, *rēg-is*, *rēg-ia*, ina, ius, alis, ula; *rĕ-ci-prŏcus*; *red-ĭm-io*; *rĕ-tro*; de *rīto*, *irrīto*, *prorīto*; de *rōb-ur*, *rōb-īgo* ou *rŭb-īgo*.

S : de *scrībo*, *scrĭ-nium*; de *sĕqu-or*, *sĕc-undus*, *sĕqu-ester*; de *sĕd-eo*, *sĕd-ile*, *sĕd-es*; de *sīdo*, *con-sīdero*, *de-sīdero*; de *sĭm-ĭlis*, *sĭm-ĭlo*, *sĭm-ŭlacrum*, *sĭm-ul*, *sĭm-ultas*; de *sŭb-ŏlesco*, *sŏb-ŏles* ou *sŭb-ŏles*; *sŏ-cors* (*sĕ-cors* *arch.*); de *sŏp-or*, *sŏp-io*: *sub-līmis*; *suf-frāg-o*, *or*, *ium*; de *sp-uo*, - *ūtum*, *spūt-o*; *sus-pĭc-io* (ere), *su-spīcio*, f.

T

tāb-eo	tĕm-o	thy̆m-um	tŏl-ero	trĭb-ulum	tŭb-er, *n.*
tăb-erna,ula	tĕm-ulentus	tĭb-ia	tŏn-o	trĭb-uo	tŭb-us
tăc-eo	tĕn-ĕbræ	tĭgr-is	tŏr-us	trĭb-us,unus	tŭg-ŭrium
tăl-entum	tĕn-eo	tĭl-ia	tŏt-us	trīc-æ	tŭm-eo ⎞
tăl-us	tĕn-er	tĭm-eo	trăb-ea	trīt-ĭcum	tŭm-ultus ⎬
tăm-en	tĕn-uis	tĭn-ea	trăg-icus	trŏp-æum	tŭm-ulus ⎠
tăp-es	tĕp-eo	tīr-o	trām-a	trŭc-īdo	tŭn-ĭca
tĕg-o	tĕr-es	tĭt-illo	trām-es	trūd-o	tūt-us
tēl-a	tĕr-o	tĭt-ŭbo	trăp-es	trŭt-ĭna	
tēl-um	tēt-er	tĭt-ulus	trĕm-o	tŭb-a	
tĕm-ĕre	thăl-ămus	tŏg-a	trĕp-idus	tŭb-er, *m.*	

U

ūb-er,*n., adj.*	ŭd-us	ŭn-us, io	ūr-us	ŭt-er	ūt-or
ŭb-i	ŭl-ŭlo	ūr-o	ūs-us	ŭt-erus	ūv-a

V

văc-illo	văp-or	vĕn-ia	vĕt-us	vĭn-um	vŏc-o
văc-o, uus	văp-ulo	vĕn-io	vĭbr-o	vĭol-a, o	vŏl-a
vād-o	văr-ius	vĕn-um	vĭc-is, *gen.*	vĭr-eo	vŏl-o, as
văd-um	văr-ix	Vĕn-us	vīc-us	vīr-us	vŏl-o, vis
văf-er	văt-es	vĕpr-es	vĭd-eo	vīs-o	vŏl-ŭpe
văg-ina	vĕg-eo	vĕr-eor	vĭd-uo	vīt-a	vŏm-er
văg-io	vĕl-um, ox	vĕr-u	vĭg-eo	vīt-is	vŏm-o
văg-us	vĕn-a	vĕr-us	vĭg-il	vĭt-ium	vŏr-o
văl-eo	vĕn-ēnum	vēs-ĭca	vīl-is	vĭtr-um	vŏv-eo.
văn-us	vĕn-ĕror	vĕt-o	vīm-en	vĭt-ulus	

T : de *tĕg-o*, tĕg-ula; *tĕtră*-(meter); *trĕ*-ceni; *trĭ*-(ceps, -corpor, -dens, -fidus...), *trĭ*-pudium; *trī*-cies, -ginta, *trĭ*-ga, *trĭ*-duum; trĭ-plex, -plus... *trĭ*-clinium.

V : de *vĕg-eo*, vĕg-ĕto, ĕtus; de *vĕn-um*, vĕn-eo; *vī-ginti....*; *vĭ-tŭpero*; de *vox*, *vōcis*, vōc-alis, vōc-iferor, vōc-ula; de *vŏc-o*, vŏc-abulum, vŏc-ator, vŏc-ito.

207. App. II. — HOMONYMES

Est *ăcer* in silvis; equus *ācer* Olympia vincit.
De *căne*, *căne*, *cănis*; *cānis* cur obsitus horres?
Cēdo facit *cessi*, *cĕcĭdi* cado, *cædo cĕcīdi*.
Fert ancilla *cŏlum*, per *cōlum* vina feruntur.
Vis bonus esse *cŏmes*, tu mores indue *cōmes*.
Bellandi *cupĭdo* nocuit sua sæpe *cupīdo*.
Oblitus *decŏris* violat præcepta *decōris*.
Num tibi *dīcemus*, cui carmina nostra *dĭcemus?*
Solvere *diffīdit* nodum qui *diffĭdit* ense.
Victos ecce *dŭces*, tu quos in vincula *dūces*.
Edŭcat hic catulos, ut mox *edūcat* in agros.
Ni sit nota *fĭdes*, ignoto non bene *fīdes*.
Decepit me sæpe *frĕtum*, nimis æquore *frētum*.
Per quod quis peccat, per *ĭdem* punitur et *īdem*.
Difficilis *lăbor* est, cujus cito pondere *lābor*.
Lēvis adhuc puer est facie; tu ne *lĕvis* esto.
In silvis *lepŏres*, in verbis quære *lepōres*.
Māli māla mălo fudere *măla* aspera mundo.
Mālo ratis *mălum* quam *mălas* fulmina frangant.
Sacra piis *mănibus* faciebant *Mānibus* olim.
Nobilis est mulier *matrŏna*; at *Matrōna* flumen.
Nĭtĕre cum studio, si vis virtute *nĭtēre*.
Illa *nōvi nŏta* grammatici, *nŏvi*, est tibi *nōta*.
Oblĭtus est cœno, quicumque *oblītus* honoris.
Occīdit latro, Hesperiis sol *occĭdit* oris.
Os, oris, loquitur; sed *ŏs, ossis*, roditur ore.
Gaudet uterque *părens*, si filius est bene *pārens*.
Pendĕre vult justus, nolunt *pendēre* latrones.
Ludo *pĭla*; *pīlum* petit hostis; *pīla* columna est.
Pro reti et regione *plăga* est, pro verbere *plāga*.
Pōpulus in silvis, *pŏpulus* reperitur in urbe.
Si vitare *pŏtes*, ne plurima pocula *pōtes*.
Dat *prōpago* merum; surgit de patre *prŏpago*.
Pluribus ille *rĕfert*, quæ non cognoscere *rēfert*.
Illa *sēde sĕde*, nec ab illa *sēde* recede.
Si transire *vĕlis* undas maris, utere *vēlis*.
Merx nummis *vēnit*, *vĕnit* huc aliunde profectus.

APPENDICE

208. App. III. — TABLEAU
DES SUFFIXES AVEC EXEMPLES

(L'astérisque indique des exceptions. V. 44-63.)

A	E	I	O	U

I. Substantifs.

A	E	I	O	U
dol- *ăbra*	vulp- *ēcula*	lect- *īca* *	d- *ŏculum*	verr- *ŭca*
ventĭl-*ābrum*	dulc- *ēdo*	cup- *īdo*	n- *ōmen*	fid- *ŭcia*
f- *ăbula*	quer- *ēla*	or- *īgo*	m- *ōmentum*	invol-*ūcrum*
voc- *ăbulum* *	contum-*ēlia*	ov- *īle*	cor- *ōna*	consuet-*ūdo*
simul-*ăcrum*	s- *ēmen* *	mol- *īmen* *	parcim-*ōnia*	ær- *ŭgo*
cœn- *ăculum*	compl-*ēmentum* *	cond-*īmentum* *	testim-*ōnium*	fl- *ūmen* *
im- *āgo*	ar- *ēna*	reg- *īna* *	patr-*ōnus* (a)	instr-*ūmentum* *
cert- *āmen*	val- *ētudo*	Abder- *ītes*	aur- *ōra*	fort- *ūna*
atr- *āmentum*	oliv- *ētum*	vest- *ĭbulum*	divers-*ōrium*	pec- *ūnia*
sic- *ārius*	pi- *ētas*	vers- *ĭculus* *	Heracle-*ōtes*	trib- *ūnus*
viv- *ārium*	lat- *ĕbra*	quer- *ĭmonia*	fili- *ŏlus*	nat- *ūra*
Sparti-*ātes*	mat- *ĕri-a, es*	sem- *īta*	glori- *ŏla*	riv- *ŭlus*
pal- *ātium*		bon- *ītas*	pile- *ŏlum*	fac- *ŭla*
gladi-*ātor*		just- *ĭtia*		vinc-*ŭlum*
ven- *ātrix*		jan- *ĭtor*		ac- *ŭleus*
ar- *ātrum*		fort- *ĭtudo*		cent-*ŭr-io (ia)*
pal- *ātum*		pulp- *ĭtum*		coll- *ŭv-ies*
consul-*ātus*		spir- *ĭtus*		fl- *ŭv-ius*

II. Adjectifs et Adverbes.

A	E	I	O	U
am- *ābilis* *	fl- *ēbilis*	div- *īnus* *	m- *ōbilis*	vol- *ŭbilis*
err- *ābundus*	ver- *ēcundus*	mell- *ītus*	can- *ōrus*	j- *ŭcundus*
gallin-*āceus*	fid- *ēlis*	capt- *īvus*	form- *ōsus*	trib- *ŭlis*
ir- *ācundus*	extr- *ēmus*	terr- *ĭbilis*	aure- *ŏlus*	opport-*ūnus*
mort- *ālis*	pl- *ēnus*	fur- *ĭbundus*	vi- *ŏlentus*	mat- *ūrus*
consent-*āneus*	sev- *ērus* *	patr- *ĭcius* *		nas- *ūtus*
hum- *ānus*	cent- *ēsimus*	lev- *ĭculus*		parv-*ŭlus*
milit- *āris*	trem- *ēbundus*	rub- *ĭcundus*		op- *ŭlentus*
greg- *ārius*		bell- *ĭcus*		post- *ŭmus*
av- *ārus*		cal- *ĭdus*		
tog- *ātus*		mac- *ĭlentus*		
aqu- *āticus*		ut- *ĭlis* *		
umbr-*ātilis*		max- *ĭmus* *		
sex- *āginta*		Panorm-*ĭtanus*.		
sex- *āgies*		mar- *ĭtimus*		
cert- *ātim* *		vir- *ĭtim*		trib- *ūtim*
		par- *ĭter*		
		fund- *ĭtus*		

App. IV. — FORMATION

DES NOMS PATRONYMIQUES

Patronymiques masculins.

209. On forme les patronymiques masculins, en changeant
Dans la 1re décl., *a, as, es* en *ades* :
  Ili-a, ades; Æne-as, ades; Hippot-es, ades;
Dans la 2e décl., *us* en *ĭdes, ius* en *iades, eūs* en *ĭdes* :
  Priam-us, ides; Thest-ius, iades; Pel-eūs, ĭdes;
Dans la 3e décl., *is* du génitif en *ĭdes* :
  Agenor, -is, - ĭdes.
Dans les noms qui ont le génitif en *onis, ontis, antis*, on change *is* en *iades* :
  Atl-as, antis, Atlant-iades;
  Telam-on, onis, Telamon-iades.
Scipio fait *Scipiades*.

REMARQUE. — On forme quelquefois *ĭdes* de *a* ou *as; iades* de *as, es, us;* ou *ĭdes* de *us* :
  Phillyr-a, ĭdes; Æne-as, ĭdes;
  Amynth-as, iades; Anchis-es, iades; Laert-es, iades;
  Batt-us, iades; Bel-us, ĭdes.

Patronymiques féminins.

210. Les patronymiques féminins se forment généralement des patronymiques masculins, en changeant *ides* en *is, ades* en *as:*
  Æol-ĭdes, is; Bel-ĭdes, is; Thesti-ades, Thesti-as.
Ceux en *ine, ione,* se forment du radical :
  Neptun-us, ine; Acris-ius, ione.
Quelques-uns se forment en ajoutant *ēis* :
  Thes-eus, ēis.

211. Exceptions. — *Pel-ides, -ias; Æn-eades, -ēis* (poème épique); *Atlant-iades, -is* ou *-ias*, et quelques autres.

App. V. — UTILITÉ
DES VERS LATINS

« La versification latine est *d'une absolue nécessité* pour bien entendre les poètes, dont on ne sentira jamais la beauté comme on le doit, si, par la composition des vers, on n'a accoutumé son oreille au nombre et à la cadence qui résultent des différentes sortes de pieds et de mesures.

» D'ailleurs, cette étude peut servir beaucoup aux jeunes gens, même pour l'éloquence, en leur élevant l'esprit, en les accoutumant à penser d'une manière noble et sublime, en leur apprenant à peindre les objets par des couleurs plus vives, en donnant à leur style plus d'abondance, plus de force, plus de variété, plus d'harmonie, plus d'agrément. » (ROLLIN.)

« Il ne s'agit pas de savoir ce que Virgile et Horace penseraient de notre poésie latine ; ce qui est sûr, c'est qu'il faut avoir fait des vers latins, pour sentir tout le charme et toute l'harmonie, toutes les beautés de Virgile et d'Horace. » (LA HARPE.)

« Boileau faisait supérieurement les vers latins.... Ce sont des vers latins qui commencèrent la réputation de Fléchier, et annoncèrent l'auteur de tant de belles oraisons funèbres. » (DUSSAULT.)

« L'exercice des vers latins développe l'esprit en le forçant à produire, l'enrichit en lui imposant l'étude des grands modèles, l'éclaire en lui révélant les secrètes intentions de la poésie. »
(M. QUICHERAT.)

FIN

TABLE DES MATIÈRES

Préface. V
Notions préliminaires. 1

1re PARTIE. — **De la quantité.**

Chap. I. Règles générales. 4
   Voyelle, diphtongue, etc. 5
   Parfaits. — Supins. 6
   Composés. — Dérivés. — Suffixes. 7
Chap. II. Créments. 14
   Art. I. Créments des noms et des adjectifs. . . . 14
   Art. II. Créments des verbes. 17
Chap. III. Syllabes finales. 19
   Monosyllabes. 22
Chap. IV. Figures et licences métriques. 23

2e PARTIE. — **Versification.**

Versification. — Pieds. 25
Chap. I. Vers principaux. 26
   Art. I. Le vers hexamètre. 26
   Art. II. Le vers pentamètre. 31
   Art. III. Le vers iambique. 32
   Art. IV. Le vers alcaïque. 33
   Art. V. Vers asclépiade, glyconique et phérécratien. 34
   Art. VI. Vers saphique et adonique. 35
   Art. VII. De quelques autres vers. 35
Chap. II. Secours de la versification. 36
   Equivalents et synonymes. 36
Chap. III. Elégance du vers. 38
   Epithète. — Apposition. — Périphrase. — Comparaison. 38
   Figures. — Coupes. — Harmonie. 40
   Moyens de développement. 46
App. I. Liste des radicaux les plus importants. . . 47
— II. Homonymes. 53
— III. Tableau des suffixes avec exemples. 54
— IV. Formation des patronymiques. 55
   V. Utilité des vers latins. 56

— Lille. Typ. J. Lefort. —

www.ingramcontent.com/pod-product-compliance
Lightning Source LLC
LaVergne TN
LVHW021746080426
835510LV00010B/1344